聖書とは

『聖書』はキリスト教の経典として有名な本です。書店で売られている『聖書』は分厚い一冊の本ですが、実はその内容は六十六冊の本を集めたものです。紀元前一四〇〇年ごろから紀元一世紀にかけて、数十人にも及ぶ著者たちが、それぞれの時代と場所で自分の文書を執筆しまし[illegible]驚いたことに、それらの書物には一貫したテーマがありました。それがイ[illegible]でした。

前半の三十九巻は[illegible]キリストが生まれる前に書かれました。旧約聖書はキリスト教だけ[illegible]やイスラム教にとっても聖典です。後半の二十七巻は「新約聖書」で[illegible]まれた後に書かれました。

旧約聖書には、[illegible]から始まって、イスラエル人の始祖アブラハムの生涯、世界史にも登場[illegible]活躍、王国の滅亡、そしてエルサレムの復興までが描かれています。旧[illegible]ほかにもイスラエル人の詩歌や知恵の言葉や、神のことばを伝えた預言者たちの文書[illegible]含まれています。新約聖書には、最初にキリストの言行録である四つの「福音書」が並び、その次にキリストの弟子たちの活動を記した「使徒の働き」が続きます。その後に、弟子たちが教会や個人に宛てて書いた何通もの「書簡」が収められ、最後に「ヨハネの黙示録」が来ます。

福音書とは

「福音書」とは、原語であるギリシア語で「良い知らせ」を意味します。伝記に似ていますが、実際にはイエスの生涯のうち十字架と復活に焦点を当てた言行録です。四つの福音書は、それぞれマタイ、マルコ、ルカ、ヨハネという四人の弟子によって書かれ、それぞれが独自の視点から描かれています。

まず手短にイエスのことを知りたい方には「マルコの福音書」がお薦めです。最も短い福音書で、イエスの奇跡や教えを活き活きと描いています。イエスの生涯を詳しく知りたい方には「ルカの福音書」がお薦めです。イエス誕生の経緯から少年時代の様子など、多くの情報が含まれています。キリスト教の母体ともいえるユダヤ教や旧約聖書との関係から理解したい方には「マタイの福音書」がお薦めです。旧約聖書からの引用が多く、当時のユダヤ人指導者についても詳しく描かれています。

この分冊「ヨハネの福音書」は最後に書かれた福音書であり、先の三つとはかなり趣が異なります。なぜ、この福音書を取り上げたのかというと、ヨハネがこう記しているからです。「これらのことが書かれたのは、イエスが神の子キリストであることを、あなたがたが信じるためであり、また信じて、イエスの名によっていのちを得るためである」。詳しい説明は、巻末の「ヨハネの福音書 解説」をご覧ください。

ヨハネの福音書

神であることばが人となる

1

1初めにことばがあった。ことばは神とともにあった。ことばは神であった。2この方は、初めに神とともにおられた。3すべてのものは、この方によって造られた。造られたもので、この方によらずにできたものは一つもなかった。4この方にはいのちがあった。このいのちは人の光であった。5光は闇の中に輝いている。闇はこれに打ち勝たなかった。

6神から遣わされた一人の人が現れた。その名はヨハネであった。7この人は証しのために来た。光について証しするためであり、彼によってすべての人が信じるためであった。8彼は光ではなかった。ただ光について証しするために来たのである。

9すべての人を照らすそのまことの光が、世に来ようとしていた。10この方はもとから世におられ、世はこの方によって造られたのに、世はこの方を知らなかった。11この方はご自分のところに来られたのに、ご自分の民はこの方を受け入れなかった。12しかし、この方を受け入れた人々、すなわち、その名を信じた人々には、神の子どもとなる特権をお与えになった。13この人々は、血によってではなく、肉の望むところでも人の意志によってでもなく、ただ、神によって生まれたのである。

14ことばは人となって、私たちの間に住まわれた。私たちはこの方の栄光を見た。父のみもとから来られたひとり子としての栄光である。この方は恵みとまことに満ちておられた。15ヨハネはこの方について証しして、こう叫んだ。「『私の後に来られる方は、私にまさる方です。私より先におられたからです』と私が言ったのは、この方のことです。」16私たちはみな、この方の満ち満ちた豊かさの中から、恵みの上にさらに恵みを受けた。17律法はモーセによって与えられ、恵みとまことはイエス・キリストによって実現したからである。18いまだかつて神を見た者はいない。父のふところにおられるひとり子の神が、神を説き明かされたのである。

バプテスマのヨハネによる道備え

マタ3・1―12、マコ1・2―8、ルカ3・1―6、15―18

19さて、ヨハネの証しはこうである。ユダヤ人たちが、祭司たちとレビ人たちをエルサレムから遣わして、「あなたはどなたですか」と尋ねたとき、20ヨハネはためらうことなく告白し、「私はキリストではありません」と明言した。21彼らはヨハネに尋ねた。「それでは、何者なのですか。あなたはエリヤですか。」ヨハネは「違います」と言った。「では、あの預言者ですか。」ヨハネは「違います」と答えた。22それで、彼らはヨハネに言った。「あなたはだれですか。私たちを遣わした人たちに返事を伝えたいのですが、あなたは自分を何だと言われるのですか。」23ヨハネは言った。「私は、預言者イザヤが言った、『主の道をまっすぐにせよ、と荒野で叫ぶ者の声』です。」24彼らは、パリサイ人から遣わされて来ていた。25彼らはヨハネに尋ねた。「キリストでもなく、エリヤでもなく、あの預言者でもないなら、なぜ、あなたはバプテスマを授けているのですか。」26ヨハネは彼らに答えた。「私は水でバプテスマを授けていますが、あなたがたの中に、あなたがたの知らない方が立っておられます。27その方は私の後に来られる方で、私にはその方の履き物のひもを解く値打ちもありません。」28このことがあったのは、ヨルダンの川向こうのベタニアであった。ヨハネはそこでバプテスマを授けていたのである。

神の子羊イエス

29その翌日、ヨハネは自分の方にイエスが来られるのを見て言った。「見よ、世の罪を取り除く神の子羊。30『私の後に一人の人が来られます。その方は私にまさる方です。私より先におられたからです』と私が言ったのは、この方のことです。31私自身もこの方を知りませんでした。しかし、私が来て水でバプテスマを授けているのは、この方がイスラエルに明らかにされるためです。」32そして、ヨハネはこのように証しした。「御霊が鳩のように天から降って、この方の上にとどまるのを私は見ました。33私自身もこの方を知りませんでした。しかし、水でバプテスマを授けるようにと私を遣わした方が、私に言われました。『御霊が、ある人の上に降って、その上にとどまるのをあなたが見たら、その人こそ、聖霊によってバプテスマを授ける者である。』34私はそれを見ました。それで、この方が神の子であると証しをしているのです。」

最初の弟子たち

35その翌日、ヨハネは再び二人の弟子とともに立っていた。36そしてイエスが歩いて行かれるのを見て、「見よ、神の子羊」と言った。37二人の弟子は、彼がそう言うのを聞いて、イエスについて行った。38イエスは振り向いて、彼らがついて来るのを見て言われた。「あなたがたは何を求めているのですか。」彼らは言った。「ラビ（訳すと、先生）、どこにお泊まりですか。」39イエスは彼らに言われた。「来なさい。そうすれば分かります。」そこで、彼らはついて行って、イエスが泊まっておられるところを見た。そしてその日、イエスのもとにとどまった。時はおよそ第十の時であった。40ヨハネから聞いてイエスについて行った二人のうちの一人は、シモン・ペテロの兄弟アンデレであった。41彼はまず自分の兄弟シモンを見つけて、「私たちはメシア（訳すと、キリスト）に会った」と言った。42彼はシモンをイエスのもとに連れて来た。イエスはシモンを見つめて言われた。「あなたはヨハネの子シモンです。あなたはケファ（言い換えれば、ペテロ）と呼ばれます。」

43その翌日、イエスはガリラヤに行こうとされた。そして、ピリポを見つけて、「わたしに従って来なさい」と言われた。44彼はベツサイダの人で、アンデレやペテロと同じ町の出身であった。45ピリポはナタナエルを見つけて言った。「私たちは、モーセが律法の中に書き、預言者たちも書いている方に会いました。ナザレの人で、ヨセフの子イエスです。」46ナタナエルは彼に言った。「ナザレから何か良いものが出るだろうか。」ピリポは言った。「来て、見なさい。」47イエスはナタナエルが自分の方に来るのを見て、彼について言われた。「見なさい。まさにイスラエル人です。この人には偽りがありません。」48ナタナエルはイエスに言った。「どうして私をご存じなのですか。」イエスは答えられた。「ピリポがあなたを呼ぶ前に、あなたがいちじくの木の下にいるのを見ました。」49ナタナエルは答えた。「先生、あなたは神の子です。あなたはイスラエルの王です。」50イエスは答えられた。「あなたがいちじくの木の下にいるのを見た、とわたしが言ったから信じるのですか。それよりも大きなことを、あなたは見ることになります。」51そして言われた。「まことに、まことに、あなたがたに言います。天が開けて、神の御使いたちが人の子の上を上り下りするのを、あなたがたは見ることになります。」

カナの婚礼とカペナウム滞在

2

1それから三日目に、ガリラヤのカナで婚礼があり、そこにイエスの母がいた。2イエスも弟子たちも、その婚礼に招かれていた。3ぶどう酒がなくなると、母はイエスに向かって「ぶどう酒がありません」と言った。4すると、イエスは母に言われた。「女の方、あなたはわたしと何の関係がありますか。わたしの時はまだ来ていません。」5 母は給仕の者たちに言った。「あの方が言われることは、何でもしてください。」6 そこには、ユダヤ人のきよめのしきたりによって、石の水がめが六つ置いてあった。それぞれ、二あるいは三メトレテス入りのものであった。7 イエスは給仕の者たちに言われた。「水がめを水でいっぱいにしなさい。」彼らは水がめを縁までいっぱいにした。8 イエスは彼らに言われた。「さあ、それを汲んで、宴会の世話役のところに持って行きなさい。」彼らは持って行った。9 宴会の世話役は、すでにぶどう酒になっていたその水を味見した。汲んだ給仕の者たちはそれがどこから来たのかを知っていたが、世話役は知らなかった。それで、花婿を呼んで、10 こう言った。「みな、初めに良いぶどう酒を出して、酔いが回ったころに悪いのを出すものだが、あなたは良いぶどう酒を今まで取っておきました。」11 イエスはこれを最初のしるしとしてガリラヤのカナで行い、ご自分の栄光を現された。それで、弟子たちはイエスを信じた。

12 その後イエスは、母と弟たち、そして弟子たちとともにカペナウムに下って行き、長い日数ではなかったが、そこに滞在された。

宮きよめ

マタ21・12―13、マコ11・15―17、ルカ19・45―46

13 さて、ユダヤ人の過越の祭りが近づき、イエスはエルサレムに上られた。14 そして、宮の中で、牛や羊や鳩を売っている者たちと、座って両替をしている者たちを見て、15 細縄でむちを作って、羊も牛もみな宮から追い出し、両替人の金を散らして、その台を倒し、16 鳩を売っている者たちに言われた。「それをここから持って行け。わたしの父の家を商売の家にしてはならない。」17 弟子たちは、「あなたの家を思う熱心が私を食い尽くす」と書いてあるのを思い起こした。18 すると、ユダヤ人たちがイエスに対して言った。「こんなことをするからには、どんなしるしを見せてくれるのか。」19 イエスは彼らに答えられた。「この神殿を壊してみなさい。わたしは、三日でそれをよみがえらせる。」20 そこで、ユダヤ人たちは言った。「この神殿は建てるのに四十六年かかった。あなたはそれを三日でよみがえらせるのか。」21 しかし、イエスはご自分のからだという神殿について語られたのであった。22 それで、イエスが死人の中からよみがえられたとき、弟子たちは、イエスがこのように言われたことを思い起こして、聖書とイエスが言われたことばを信じた。

人の内にあるものを知っているイエス

23過越の祭りの祝いの間、イエスがエルサレムにおられたとき、多くの人々がイエスの行われたしるしを見て、その名を信じた。24しかし、イエスご自身は、彼らに自分をお任せにならなかった。すべての人を知っていたので、25人についてだれの証言も必要とされなかったからである。イエスは、人のうちに何があるかを知っておられたのである。

3

ニコデモとの対話

1さて、パリサイ人の一人で、ニコデモという名の人がいた。ユダヤ人の議員であった。2この人が、夜、イエスのもとに来て言った。「先生。私たちは、あなたが神のもとから来られた教師であることを知っています。神がともにおられなければ、あなたがなさっているこのようなしるしは、だれも行うことができません。」3イエスは答えられた。「まことに、まことに、あなたに言います。人は、新しく生まれなければ、神の国を見ることはできません。」4ニコデモはイエスに言った。「人は、老いていながら、どうやって生まれることができますか。もう一度、母の胎に入って生まれることなどできるでしょうか。」5イエスは答えられた。「まことに、まことに、あなたに言います。人は、水と御霊によって生まれなければ、神の国に入ることはできません。6肉によって生まれた者は肉です。御霊によって生まれた者は霊です。7あなたがたは新しく生まれなければならない、とわたしが言ったことを不思議に思ってはなりません。8風は思いのままに吹きます。その音を聞いても、それがどこから来てどこへ行くのか分かりません。御霊によって生まれた者もみな、それと同じです。」9ニコデモは答えた。「どうして、そのようなことがあり得るでしょうか。」10イエスは答えられた。「あなたはイスラエルの教師なのに、そのことが分からないのですか。11まことに、まことに、あなたに言います。わたしたちは知っていることを話し、見たことを証ししているのに、あなたがたはわたしたちの証しを受け入れません。12わたしはあなたがたに地上のことを話しましたが、あなたがたは信じません。それなら、天上のことを話して、どうして信じるでしょうか。13だれも天に上った者はいません。しかし、天から下って来た者、人の子は別です。14モーセが荒野で蛇を上げたように、人の子も上げられなければなりません。15それは、信じる者がみな、人の子にあって永遠のいのちを持つためです。」

16神は、実に、そのひとり子をお与えになったほどに世を愛された。それは御子を信じる者が、一人として滅びることなく、永遠のいのちを持つためである。17神が御子を世に遣わされたのは、世をさばくためではなく、御子によって世が救われるためである。18御子を信じる者はさばかれない。信じない者はすでにさばかれている。神のひとり子の名を信じなかったからである。19そのさばきとは、光が世に来ているのに、自分の行いが悪いために、人々が光よりも闇を愛したことである。20悪を行う者はみな、光を憎み、その行いが明るみに出されることを恐れて、光の方に来ない。21しかし、真理を行う者は、その行いが神にあってなされたことが明らかになるように、光の方に来る。

イエスを花婿と証言するバプテスマのヨハネ

22その後、イエスは弟子たちとユダヤの地に行き、彼らとともにそこに滞在して、バプテスマを授けておられた。23一方ヨハネも、サリムに近いアイノンでバプテスマを授けていた。そこには水が豊かにあったからである。人々はやって来て、バプテスマを受けていた。24ヨハネは、まだ投獄されていなかった。25ところで、ヨハネの弟子の何人かが、あるユダヤ人ときよめについて論争をした。26彼らはヨハネのところに来て言った。「先生。ヨルダンの川向こうで先生と一緒にいて、先生が証しされたあの方が、なんと、バプテスマを授けておられます。そして、皆があの方のほうに行っています。」27ヨハネは答えた。「人は、天から与えられるのでなければ、何も受けることができません。28『私はキリストではありません。むしろ、その方の前に私は遣わされたのです』と私が言ったことは、あなたがた自身が証ししてくれます。29花嫁を迎えるのは花婿です。そばに立って花婿が語ることに耳を傾けている友人は、花婿の声を聞いて大いに喜びます。ですから、私もその喜びに満ちあふれています。30あの方は盛んになり、私は衰えなければなりません。」

天から来る方

31上から来られる方は、すべてのものの上におられる。地から出る者は地に属し、地のことを話す。天から来られる方は、すべてのものの上におられる。32この方は見たこと、聞いたことを証しされるが、だれもその証しを受け入れない。33その証しを受け入れた者は、神が真実であると認める印を押したのである。34神が遣わした方は、神のことばを語られる。神が御霊を限りなくお与えになるからである。35 父は御子を愛しておられ、その手にすべてをお与えになった。36 御子を信じる者は永遠のいのちを持っているが、御子に聞き従わない者はいのちを見ることがなく、神の怒りがその上にとどまる。

4

サマリアの女との対話

1 パリサイ人たちは、イエスがヨハネよりも多くの弟子を作ってバプテスマを授けている、と伝え聞いた。それを知るとイエスは、2 ――バプテスマを授けていたのはイエスご自身ではなく、弟子たちであったのだが―― 3 ユダヤを去って、再びガリラヤへ向かわれた。4 しかし、サマリアを通って行かなければならなかった。5 それでイエスは、ヤコブがその子ヨセフに与えた地所に近い、スカルというサマリアの町に来られた。6 そこにはヤコブの井戸があった。イエスは旅の疲れから、その井戸の傍らに、ただ座っておられた。時はおよそ第六の時であった。

7 一人のサマリアの女が、水を汲みに来た。イエスは彼女に、「わたしに水を飲ませてください」と言われた。8 弟子たちは食物を買いに、町へ出かけていた。9 そのサマリアの女は言った。「あなたはユダヤ人なのに、どうしてサマリアの女の私に、飲み水をお求めになるのですか。」ユダヤ人はサマリア人と付き合いをしなかったのである。10 イエスは答えられた。「もしあなたが神の賜物を知り、また、水を飲ませてくださいとあなたに言っているのがだれなのかを知っていたら、あなたのほうからその人に求めていたでしょう。そして、その人はあなたに生ける水を与えたことでしょう。」11 その女は言った。「主よ。あなたは汲む物を持っておられませんし、この井戸は深いのです。その生ける水を、どこから手に入れられるのでしょうか。12 あなたは、私たちの父ヤコブより偉いのでしょうか。ヤコブは私たちにこの井戸を下さって、彼自身も、その子たちも家畜も、この井戸から飲みました。」13 イエスは答えられた。「この水を飲む人はみな、また渇きます。14 しかし、わたしが与える水を飲む人は、いつまでも決して渇くことがありません。わたしが与える水は、その人の内で泉となり、永遠のいのちへの水が湧き出ます。」15 彼女はイエスに言った。「主よ。私が渇くことのないように、ここに汲みに来なくてもよいように、その水を私に下さい。」

16 イエスは彼女に言われた。「行って、あなたの夫をここに呼んで来なさい。」17 彼女は答えた。「私には夫がいません。」イエスは言われた。「自分には夫がいない、と言ったのは、そのとおりです。18あなたには夫が五人いましたが、今一緒にいるのは夫ではないのですから。あなたは本当のことを言いました。」19彼女は言った。「主よ。あなたは預言者だとお見受けします。20私たちの先祖はこの山で礼拝しましたが、あなたがたは、礼拝すべき場所はエルサレムにあると言っています。」21イエスは彼女に言われた。「女の人よ、わたしを信じなさい。この山でもなく、エルサレムでもないところで、あなたがたが父を礼拝する時が来ます。22救いはユダヤ人から出るのですから、わたしたちは知って礼拝していますが、あなたがたは知らないで礼拝しています。23しかし、まことの礼拝者たちが、御霊と真理によって父を礼拝する時が来ます。今がその時です。父はそのような人たちを、ご自分を礼拝する者として求めておられるのです。24神は霊ですから、神を礼拝する人は、御霊と真理によって礼拝しなければなりません。」25 女はイエスに言った。「私は、キリストと呼ばれるメシアが来られることを知っています。その方が来られるとき、一切のことを私たちに知らせてくださるでしょう。」26イエスは言われた。「あなたと話しているこのわたしがそれです。」

サマリア人が信じることになる

27そのとき、弟子たちが戻って来て、イエスが女の人と話しておられるのを見て驚いた。だが、「何をお求めですか」「なぜ彼女と話しておられるのですか」と言う人はだれもいなかった。28彼女は、自分の水がめを置いたまま町へ行き、人々に言った。29「来て、見てください。私がしたことを、すべて私に話した人がいます。もしかすると、この方がキリストなのでしょうか。」30そこで、人々は町を出て、イエスのもとにやって来た。

31その間、弟子たちはイエスに「先生、食事をしてください」と勧めていた。32ところが、イエスは彼らに言われた。「わたしには、あなたがたが知らない食べ物があります。」33そこで、弟子たちは互いに言った。「だれかが食べる物を持って来たのだろうか。」34イエスは彼らに言われた。「わたしの食べ物とは、わたしを遣わされた方のみこころを行い、そのわざを成し遂げることです。35あなたがたは、『まだ四か月あって、それから刈り入れだ』と言ってはいませんか。しかし、あなたがたに言います。目を上げて畑を見なさい。色づいて、刈り入れるばかりになっています。36すでに、刈る者は報酬を受け、永遠のいのちに至る実を集めています。それは蒔く者と刈る者がともに喜ぶためです。37ですから、『一人が種を蒔き、ほかの者が刈り入れる』ということばはまことです。38わたしはあなたがたを、自分たちが労苦したのでないものを刈り入れるために遣わしました。ほかの者たちが労苦し、あなたがたがその労苦の実にあずかっているのです。」

39さて、その町の多くのサマリア人が、「あの方は、私がしたことをすべて私に話した」と証言した女のことばによって、イエスを信じた。40それで、サマリア人たちはイエスのところに来て、自分たちのところに滞在してほしいと願った。そこでイエスは、二日間そこに滞在された。41そして、さらに多くの人々が、イエスのことばによって信じた。42彼らはその女に言った。「もう私たちは、あなたが話したことによって信じているのではありません。自分で聞いて、この方が本当に世の救い主だと分かったのです。」

ガリラヤでの宣教

43さて、二日後に、イエスはそこを去ってガリラヤに行かれた。44イエスご自身、「預言者は自分の故郷では尊ばれない」と証言なさっていた。45それで、ガリラヤに入られたとき、ガリラヤの人たちはイエスを歓迎したが、それは、イエスが祭りの間にエルサレムで行ったことを、すべて見ていたからであった。彼らもその祭りに行っていたのである。

王室役人の息子の癒やし

46イエスは再びガリラヤのカナに行かれた。イエスが水をぶどう酒にされた場所である。さてカペナウムに、ある王室の役人がいて、その息子が病気であった。47この人は、イエスがユダヤからガリラヤに来られたと聞いて、イエスのところに行った。そして、下って来て息子を癒やしてくださるように願った。息子が死にかかっていたのである。48イエスは彼に言われた。「あなたがたは、しるしと不思議を見ないかぎり、決して信じません。」49王室の役人はイエスに言った。「主よ。どうか子どもが死なないうちに、下って来てください。」50イエスは彼に言われた。「行きなさい。あなたの息子は治ります。」その人はイエスが語ったことばを信じて、帰って行った。51彼が下って行く途中、しもべたちが彼を迎えに来て、彼の息子が治ったことを告げた。52子どもが良くなった時刻を尋ねると、彼らは「昨日の第七の時に熱がひきました」と言った。53父親は、その時刻が、「あなたの息子は治る」とイエスが言われた時刻だと知り、彼自身も家の者たちもみな信じた。54イエスはユダヤを去ってガリラヤに来てから、これを第二のしるしとして行われた。

5

三十八年も病気だった人の癒やし

1その後、ユダヤ人の祭りがあって、イエスはエルサレムに上られた。2エルサレムには、羊の門の近くに、ヘブル語でベテスダと呼ばれる池があり、五つの回廊がついていた。3その中には、病人、目の見えない人、足の不自由な人、からだに麻痺のある人たちが大勢、横になっていた。5そこに、三十八年も病気にかかっている人がいた。6イエスは彼が横になっているのを見て、すでに長い間そうしていることを知ると、彼に言われた。「良くなりたいか。」7病人は答えた。「主よ。水がかき回されたとき、池の中に入れてくれる人がいません。行きかけると、ほかの人が先に下りて行きます。」8イエスは彼に言われた。「起きて床を取り上げ、歩きなさい。」9すると、すぐにその人は治って、床を取り上げて歩き出した。

安息日の癒やしに対する非難

ところが、その日は安息日であった。10そこでユダヤ人たちは、その癒やされた人に、「今日は安息日だ。床を取り上げることは許されていない」と言った。11しかし、その人は彼らに答えた。「私を治してくださった方が、『床を取り上げて歩け』と私に言われたのです。」12彼らは尋ねた。「『取り上げて歩け』とあなたに言った人はだれなのか。」13しかし、癒やされた人は、それがだれであるかを知らなかった。群衆がそこにいる間に、イエスは立ち去られたからである。14後になって、イエスは宮の中で彼を見つけて言われた。「見なさい。あなたは良くなった。もう罪を犯してはなりません。そうでないと、もっと悪いことがあなたに起こるかもしれない。」15その人は行って、ユダヤ人たちに、自分を治してくれたのはイエスだと伝えた。16そのためユダヤ人たちは、イエスを迫害し始めた。イエスが、安息日にこのようなことをしておられたからである。17イエスは彼らに答えられた。「わたしの父は今に至るまで働いておられます。それでわたしも働いているのです。」18そのためユダヤ人たちは、ますますイエスを殺そうとするようになった。イエスが安息日を破っていただけでなく、神をご自分の父と呼び、ご自分を神と等しくされたからである。

御父が遣わされた御子の権威

19 イエスは彼らに答えて言われた。「まことに、まことに、あなたがたに言います。子は、父がしておられることを見て行う以外には、自分から何も行うことはできません。すべて父がなさることを、子も同様に行うのです。20 それは、父が子を愛し、ご自分がすることをすべて、子にお示しになるからです。また、これよりも大きなわざを子にお示しになるので、あなたがたは驚くことになります。21 父が死人をよみがえらせ、いのちを与えられるように、子もまた、与えたいと思う者にいのちを与えます。22 また、父はだれをもさばかず、すべてのさばきを子に委ねられました。23 それは、すべての人が、父を敬うのと同じように、子を敬うようになるためです。子を敬わない者は、子を遣わされた父も敬いません。24 まことに、まことに、あなたがたに言います。わたしのことばを聞いて、わたしを遣わされた方を信じる者は、永遠のいのちを持ち、さばきにあうことがなく、死からいのちに移っています。25 まことに、まことに、あなたがたに言います。死人が神の子の声を聞く時が来ます。今がその時です。それを聞く者は生きます。26 それは、父がご自分のうちにいのちを持っておられるように、子にも、自分のうちにいのちを持つようにしてくださったからです。27 また父は、さばきを行う権威を子に与えてくださいました。子は人の子だからです。28 このことに驚いてはなりません。墓の中にいる者がみな、子の声を聞く時が来るのです。29 そのとき、善を行った者はよみがえっていのちを受けるために、悪を行った者はよみがえってさばきを受けるために出て来ます。

イエスについての証し

30 わたしは、自分からは何も行うことができません。ただ聞いたとおりにさばきます。そして、わたしのさばきは正しいのです。わたしは自分の意志ではなく、わたしを遣わされた方のみこころを求めるからです。31 もしわたし自身について証しをするのがわたしだけなら、わたしの証言は真実ではありません。32 わたしについては、ほかにも証しをする方がおられます。そして、その方がわたしについて証しする証言が真実であることを、わたしは知っています。33 あなたがたはヨハネのところに人を遣わしました。そして彼は真理について証ししました。34 わたしは人からの証しを受けませんが、あなたがたが救われるために、これらのことを言うのです。35 ヨハネは燃えて輝くともしびであり、あなたがたはしばらくの間、その光の中で大いに喜ぼうとしました。36 しかし、わたしにはヨハネの証しよりもすぐれた証しがあります。わたしが成し遂げるようにと父が与えてくださったわざが、すなわち、わたしが行っているわざそのものが、わたしについて、父がわたしを遣わされたことを証ししているのです。37 また、わたしを遣わされた父ご自身が、わたしについて証しをしてくださいました。あなたがたは、まだ一度もその御声を聞いたことも、御姿を見たこともありません。38 また、そのみことばを自分たちのうちにとどめてもいません。父が遣わされた者を信じないからです。39 あなたがたは、聖書の中に永遠のいのちがあると思って、聖書を調べています。その聖書は、わたしについて証ししているものです。40 それなのに、あなたがたは、いのちを得るためにわたしのもとに来ようとはしません。

41 わたしは人からの栄誉は受けません。42 しかし、わたしは知っています。あなたがたのうちに神への愛がないことを。43 わたしは、わたしの父の名によって来たのに、あなたがたはわたしを受け入れません。もしほかの人がその人自身の名で来れば、あなたがたはその人を受け入れます。44 互いの間では栄誉を受けても、唯一の神からの栄誉を求めないあなたがたが、どうして信じることができるでしょうか。45 わたしが、父の前にあなたがたを訴えると思ってはなりません。あなたがたを訴えるのは、あなたがたが望みを置いているモーセです。46 もしも、あなたがたがモーセを信じているのなら、わたしを信じたはずです。モーセが書いたのはわたしのことなのですから。47 しかし、モーセが書いたものをあなたがたが信じていないのなら、どうしてわたしのことばを信じるでしょうか。」

6

五千人に食べ物を与える

マタ14・13―21、マコ6・30―44、ルカ9・10―17

1 その後、イエスはガリラヤの湖、すなわち、ティベリアの湖の向こう岸に行かれた。2 大勢の群衆がイエスについて行った。イエスが病人たちになさっていたしるしを見たからであった。3 イエスは山に登り、弟子たちとともにそこに座られた。4 ユダヤ人の祭りである過越が近づいていた。5 イエスは目を上げて、大勢の群衆がご自分の方に来るのを見て、ピリポに言われた。「どこからパンを買って来て、この人たちに食べさせようか。」6 イエスがこう言われたのは、ピリポを試すためであり、ご自分が何をしようとしているのかを、知っておられた。7 ピリポはイエスに答えた。「一人ひとりが少しずつ取るにしても、二百デナリのパンでは足りません。」8 弟子の一人、シモン・ペテロの兄弟アンデレがイエスに言った。9「ここに、大麦のパン五つと、魚二匹を持っている少年がいます。でも、こんなに大勢の人々では、それが何になるでしょう。」10 イエスは言われた。「人々を座らせなさい。」その場所には草がたくさんあったので、男たちは座った。その数はおよそ五千人であった。11 そうして、イエスはパンを取り、感謝の祈りをささげてから、座っている人たちに分け与えられた。魚も同じようにして、彼らが望むだけ与えられた。12 彼らが十分食べたとき、イエスは弟子たちに言われた。「一つも無駄にならないように、余ったパン切れを集めなさい。」13 そこで彼らが集めると、大麦のパン五つを食べて余ったパン切れで、十二のかごがいっぱいになった。14 人々はイエスがなさったしるしを見て、「まことにこの方こそ、世に来られるはずの預言者だ」と言った。15 イエスは、人々がやって来て、自分を王にするために連れて行こうとしているのを知り、再びただ一人で山に退かれた。

湖の上を歩く

マタ14・22−33、マコ6・45−52

16 夕方になって、弟子たちは湖畔に下りて行った。17 そして、舟に乗り込み、カペナウムの方へと湖を渡って行った。すでにあたりは暗く、イエスはまだ彼らのところに来ておられなかった。18 強風が吹いて湖は荒れ始めた。19 そして、二十五ないし三十スタディオンほど漕ぎ出したころ、弟子たちは、イエスが湖の上を歩いて舟に近づいて来られるのを見て恐れた。20 しかし、イエスは彼らに言われた。「わたしだ。恐れることはない。」21 それで彼らは、イエスを喜んで舟に迎えた。すると、舟はすぐに目的地に着いた。

いのちのパンであるイエス

22 その翌日、湖の向こう岸にとどまっていた群衆は、前にはそこに小舟が一艘しかなく、その舟にイエスは弟子たちと一緒には乗らずに、弟子たちが自分たちだけで立ち去ったことに気づいた。23 すると、主が感謝をささげて人々がパンを食べた場所の近くに、ティベリアから小舟が数艘やって来た。24 群衆は、イエスも弟子たちもそこにいないことを知ると、自分たちもそれらの小舟に乗り込んで、イエスを捜しにカペナウムに向かった。25 そして、湖の反対側でイエスを見つけると、彼らはイエスに言った。「先生、いつここにおいでになったのですか。」26 イエスは彼らに答えられた。「まことに、まことに、あなたがたに言います。あなたがたがわたしを捜しているのは、しるしを見たからではなく、パンを食べて満腹したからです。27なくなってしまう食べ物のためではなく、いつまでもなくならない、永遠のいのちに至る食べ物のために働きなさい。それは、人の子が与える食べ物です。この人の子に、神である父が証印を押されたのです。」28すると、彼らはイエスに言った。「神のわざを行うためには、何をすべきでしょうか。」29イエスは答えられた。「神が遣わした者をあなたがたが信じること、それが神のわざです。」30それで、彼らはイエスに言った。「それでは、私たちが見てあなたを信じられるように、どんなしるしを行われるのですか。何をしてくださいますか。31私たちの先祖は、荒野でマナを食べました。『神は彼らに、食べ物として天からのパンを与えられた』と書いてあるとおりです。」32それで、イエスは彼らに言われた。「まことに、まことに、あなたがたに言います。モーセがあなたがたに天からのパンを与えたのではありません。わたしの父が、あなたがたに天からのまことのパンを与えてくださるのです。33神のパンは、天から下って来て、世にいのちを与えるものなのです。」

34そこで、彼らはイエスに言った。「主よ、そのパンをいつも私たちにお与えください。」35イエスは言われた。「わたしがいのちのパンです。わたしのもとに来る者は決して飢えることがなく、わたしを信じる者はどんなときにも、決して渇くことがありません。36しかし、あなたがたに言ったように、あなたがたはわたしを見たのに信じません。37父がわたしに与えてくださる者はみな、わたしのもとに来ます。そして、わたしのもとに来る者を、わたしは決して外に追い出したりはしません。38わたしが天から下って来たのは、自分の思いを行うためではなく、わたしを遣わされた方のみこころを行うためです。39わたしを遣わされた方のみこころは、わたしに与えてくださったすべての者を、わたしが一人も失うことなく、終わりの日によみがえらせることです。40わたしの父のみこころは、子を見て信じる者がみな永遠のいのちを持ち、わたしがその人を終わりの日によみがえらせることなのです。」

ユダヤ人たちの疑問とイエスの答え

41ユダヤ人たちは、イエスが「わたしは天から下って来たパンです」と言われたので、イエスについて小声で文句を言い始めた。42彼らは言った。「あれは、ヨセフの子イエスではないか。私たちは父親と母親を知っている。どうして今、『わたしは天から下って来た』と言ったりするのか。」43イエスは彼らに答えられた。「自分たちの間で小声で文句を言うのはやめなさい。44わたしを遣わされた父が引き寄せてくださらなければ、だれもわたしのもとに来ることはできません。わたしはその人を終わりの日によみがえらせます。45預言者たちの書に、『彼らはみな、神によって教えられる』と書かれています。父から聞いて学んだ者はみな、わたしのもとに来ます。46父を見た者はだれもいません。ただ神から出た者だけが、父を見たのです。47まことに、まことに、あなたがたに言います。信じる者は永遠のいのちを持っています。48わたしはいのちのパンです。49あなたがたの先祖たちは荒野でマナを食べたが、死にました。50しかし、これは天から下って来たパンで、それを食べると死ぬことがありません。51わたしは、天から下って来た生けるパンです。だれでもこのパンを食べるなら、永遠に生きます。そして、わたしが与えるパンは、世のいのちのための、わたしの肉です。」

52それで、ユダヤ人たちは、「この人は、どうやって自分の肉を、私たちに与えて食べさせることができるのか」と互いに激しい議論を始めた。53イエスは彼らに言われた。「まことに、まことに、あなたがたに言います。人の子の肉を食べ、その血を飲まなければ、あなたがたのうちに、いのちはありません。54わたしの肉を食べ、わたしの血を飲む者は、永遠のいのちを持っています。わたしは終わりの日にその人をよみがえらせます。55わたしの肉はまことの食べ物、わたしの血はまことの飲み物なのです。56わたしの肉を食べ、わたしの血を飲む者は、わたしのうちにとどまり、わたしもその人のうちにとどまります。57生ける父がわたしを遣わし、わたしが父によって生きているように、わたしを食べる者も、わたしによって生きるのです。58これは天から下って来たパンです。先祖が食べて、なお死んだようなものではありません。このパンを食べる者は永遠に生きます。」59これが、イエスがカペナウムで教えられたとき、会堂で話されたことである。

つまずいた者たちと信じたペテロ

60これを聞いて、弟子たちのうちの多くの者が言った。「これはひどい話だ。だれが聞いていられるだろうか。」61しかしイエスは、弟子たちがこの話について、小声で文句を言っているのを知って、彼らに言われた。「わたしの話があなたがたをつまずかせるのか。62それなら、人の子がかつていたところに上るのを見たら、どうなるのか。63いのちを与えるのは御霊です。肉は何の益ももたらしません。わたしがあなたがたに話してきたことばは、霊であり、またいのちです。64けれども、あなたがたの中に信じない者たちがいます。」信じない者たちがだれか、ご自分を裏切る者がだれか、イエスは初めから知っておられたのである。65そしてイエスは言われた。「ですから、わたしはあなたがたに、『父が与えてくださらないかぎり、だれもわたしのもとに来ることはできない』と言ったのです。」

66こういうわけで、弟子たちのうちの多くの者が離れ去り、もはやイエスとともに歩もうとはしなくなった。67それで、イエスは十二人に、「あなたがたも離れて行きたいのですか」と言われた。68すると、シモン・ペテロが答えた。「主よ、私たちはだれのところに行けるでしょうか。あなたは、永遠のいのちのことばを持っておられます。69私たちは、あなたが神の聖者であると信じ、また知っています。」70イエスは彼らに答えられた。「わたしがあなたがた十二人を選んだのではありませんか。しかし、あなたがたのうちの一人は悪魔です。」71イエスはイスカリオテのシモンの子ユダのことを言われたのであった。このユダは十二人の一人であったが、イエスを裏切ろうとしていた。

7

イエスの兄弟たちの不信仰

1その後、イエスはガリラヤを巡り続けられた。ユダヤ人たちがイエスを殺そうとしていたので、ユダヤを巡ろうとはされなかったからである。2時に、仮庵の祭りというユダヤ人の祭りが近づいていた。3そこで、イエスの兄弟たちがイエスに言った。「ここを去ってユダヤに行きなさい。そうすれば、弟子たちもあなたがしている働きを見ることができます。4自分で公の場に出ることを願いながら、隠れて事を行う人はいません。このようなことを行うのなら、自分を世に示しなさい。」5兄弟たちもイエスを信じていなかったのである。6そこで、イエスは彼らに言われた。「わたしの時はまだ来ていません。しかし、あなたがたの時はいつでも用意ができています。7世はあなたがたを憎むことができないが、わたしのことは憎んでいます。わたしが世について、その行いが悪いことを証ししているからです。8あなたがたは祭りに上って行きなさい。わたしはこの祭りに上って行きません。わたしの時はまだ満ちていないのです。」9こう言って、イエスはガリラヤにとどまられた。

仮庵の祭りでのイエスの教えと群衆の反応

10しかし、兄弟たちが祭りに上って行った後で、イエスご自身も、表立ってではなく、いわば内密に上って行かれた。11ユダヤ人たちは祭りの場で、「あの人はどこにいるのか」と言って、イエスを捜していた。12群衆はイエスについて、小声でいろいろと話をしていた。ある人たちは「良い人だ」と言い、別の人たちは「違う。群衆を惑わしているのだ」と言っていた。13しかし、ユダヤ人たちを恐れたため、イエスについて公然と語る者はだれもいなかった。

14祭りもすでに半ばになったころ、イエスは宮に上って教え始められた。15ユダヤ人たちは驚いて言った。「この人は学んだこともないのに、どうして学問があるのか。」16そこで、イエスは彼らに答えられた。「わたしの教えは、わたしのものではなく、わたしを遣わされた方のものです。17だれでも神のみこころを行おうとするなら、その人には、この教えが神から出たものなのか、わたしが自分から語っているのかが分かります。18自分から語る人は自分の栄誉を求めます。しかし、自分を遣わされた方の栄誉を求める人は真実で、その人には不正がありません。19モーセはあなたがたに律法を与えたではありませんか。それなのに、あなたがたはだれも律法を守っていません。あなたがたは、なぜわたしを殺そうとするのですか。」20群衆は答えた。「あなたは悪霊につかれている。だれがあなたを殺そうとしているのか。」21イエスは彼らに答えられた。「わたしが一つのわざを行い、それで、あなたがたはみな驚いています。22モーセはあなたがたに割礼を与えました。それはモーセからではなく、父祖たちから始まったことです。そして、あなたがたは安息日にも人に割礼を施しています。23モーセの律法を破らないようにと、人は安息日にも割礼を受けるのに、わたしが安息日に人の全身を健やかにしたということで、あなたがたはわたしに腹を立てるのですか。24うわべで人をさばかないで、正しいさばきを行いなさい。」

この人はキリストか、と問う群衆

25さて、エルサレムのある人たちは、こう言い始めた。「この人は、彼らが殺そうとしている人ではないか。26見なさい。この人は公然と語っているのに、彼らはこの人に何も言わない。もしかしたら議員たちは、この人がキリストであると、本当に認めたのではないか。27しかし、私たちはこの人がどこから来たのか知っている。キリストが来られるときには、どこから来るのかだれも知らないはずだ。」28イエスは宮で教えていたとき、大きな声で言われた。「あなたがたはわたしを知っており、わたしがどこから来たかも知っています。しかし、わたしは自分で来たのではありません。わたしを遣わされた方は真実です。その方を、あなたがたは知りません。29わたしはその方を知っています。なぜなら、わたしはその方から出たのであり、その方がわたしを遣わされたからです。」30そこで人々はイエスを捕らえようとしたが、だれもイエスに手をかける者はいなかった。イエスの時がまだ来ていなかったからである。31群衆のうちにはイエスを信じる人が多くいて、「キリストが来られるとき、この方がなさったよりも多くのしるしを行うだろうか」と言い合った。

イエスを逮捕しようと遣わされた下役たち

32パリサイ人たちは、群衆がイエスについて、このようなことを小声で話しているのを耳にした。それで祭司長たちとパリサイ人たちは、イエスを捕らえようとして下役たちを遣わした。33そこで、イエスは言われた。「もう少しの間、わたしはあなたがたとともにいて、それから、わたしを遣わされた方のもとに行きます。34あなたがたはわたしを捜しますが、見つけることはありません。わたしがいるところに来ることはできません。」35すると、ユダヤ人たちは互いに言った。「私たちには見つからないとは、あの人はどこへ行くつもりなのか。まさか、ギリシア人の中に離散している人々のところに行って、ギリシア人を教えるつもりではあるまい。36『あなたがたはわたしを捜しますが、見つけることはありません。わたしがいるところに来ることはできません』とあの人が言ったこのことばは、どういう意味だろうか。」

生ける水の川の約束

37さて、祭りの終わりの大いなる日に、イエスは立ち上がり、大きな声で言われた。「だれでも渇いているなら、わたしのもとに来て飲みなさい。38わたしを信じる者は、聖書が言っているとおり、その人の心の奥底から、生ける水の川が流れ出るようになります。」39イエスは、ご自分を信じる者が受けることになる御霊について、こう言われたのである。イエスはまだ栄光を受けておられなかったので、御霊はまだ下っていなかったのである。40このことばを聞いて、群衆の中には、「この方は、確かにあの預言者だ」と言う人たちがいた。41別の人たちは「この方はキリストだ」と言った。しかし、このように言う人たちもいた。

「キリストはガリラヤから出るだろうか。42キリストはダビデの子孫から、ダビデがいた村、ベツレヘムから出ると、聖書は言っているではないか。」43こうして、イエスのことで群衆の間に分裂が生じた。44彼らの中にはイエスを捕らえたいと思う人たちもいたが、だれもイエスに手をかける者はいなかった。

指導者たちの不信仰

45さて、祭司長たちとパリサイ人たちは、下役たちが自分たちのところに戻って来たとき、彼らに言った。「なぜあの人を連れて来なかったのか。」46下役たちは答えた。「これまで、あの人のように話した人はいませんでした。」47そこで、パリサイ人たちは答えた。「おまえたちまで惑わされているのか。48議員やパリサイ人の中で、だれかイエスを信じた者がいたか。49それにしても、律法を知らないこの群衆はのろわれている。」50彼らのうちの一人で、イエスのもとに来たことのあるニコデモが彼らに言った。51「私たちの律法は、まず本人から話を聞き、その人が何をしているのかを知ったうえでなければ、さばくことをしないのではないか。」52彼らはニコデモに答えて言った。「あなたもガリラヤの出なのか。よく調べなさい。ガリラヤから預言者は起こらないことが分かるだろう。」

53〔人々はそれぞれ家に帰って行った。

8

姦淫の場で捕らえられた女

1イエスはオリーブ山に行かれた。2そして朝早く、イエスは再び宮に入られた。人々はみな、みもとに寄って来た。イエスは腰を下ろして、彼らに教え始められた。3すると、律法学者とパリサイ人が、姦淫の場で捕らえられた女を連れて来て、真ん中に立たせ、4イエスに言った。「先生、この女は姦淫の現場で捕らえられました。5モーセは律法の中で、こういう女を石打ちにするよう私たちに命じています。あなたは何と言われますか。」6彼らはイエスを告発する理由を得ようと、イエスを試みてこう言ったのであった。だが、イエスは身をかがめて、指で地面に何か書いておられた。7しかし、彼らが問い続けるので、イエスは身を起こして言われた。「あなたがたの中で罪のない者が、まずこの人に石を投げなさい。」8そしてイエスは、再び身をかがめて、地面に何かを書き続けられた。9彼らはそれを聞くと、年長者たちから始まり、一人、また一人と去って行き、真ん中にいた女とともに、イエスだけが残された。10イエスは身を起こして、彼女に言われた。「女の人よ、彼らはどこにいますか。だれもあなたにさばきを下さなかったのですか。」11彼女は言った。「はい、主よ。だれも。」イエスは言われた。「わたしもあなたにさばきを下さない。行きなさい。これからは、決して罪を犯してはなりません。」〕

世の光であるイエス

12イエスは再び人々に語られた。「わたしは世の光です。わたしに従う者は、決して闇の中を歩むことがなく、いのちの光を持ちます。」13すると、パリサイ人はイエスに言った。「あなたは自分で自分のことを証ししています。だから、あなたの証しは真実ではありません。」14イエスは彼らに答えられた。「たとえ、わたしが自分自身について証しをしても、わたしの証しは真実です。わたしは自分がどこから来たのか、また、どこへ行くのかを知っているのですから。しかしあなたがたは、わたしがどこから来て、どこへ行くのかを知りません。15あなたがたは肉によってさばきますが、わたしはだれもさばきません。16たとえ、わたしがさばくとしても、わたしのさばきは真実です。わたしは一人ではなく、わたしとわたしを遣わした父がさばくからです。17あなたがたの律法にも、二人の人による証しは真実であると書かれています。18わたしは自分について証しする者です。またわたしを遣わした父が、わたしについて証ししておられます。」19すると、彼らはイエスに言った。「あなたの父はどこにいるのですか。」イエスは答えられた。「あなたがたは、わたしも、わたしの父も知りません。もし、わたしを知っていたら、わたしの父をも知っていたでしょう。」20イエスは、宮で教えていたとき、献金箱の近くでこのことを話された。しかし、だれもイエスを捕らえなかった。イエスの時がまだ来ていなかったからである。

「わたしはある」であると語るイエス

21イエスは再び彼らに言われた。「わたしは去って行きます。あなたがたはわたしを捜しますが、自分の罪の中で死にます。わたしが行くところに、あなたがたは来ることができません。」22そこで、ユダヤ人たちは言った。「『わたしが行くところに、あなたがたは来ることができません』と言うが、まさか自殺するつもりではないだろう。」23イエスは彼らに言われた。「あなたがたは下から来た者ですが、わたしは上から来た者です。あなたがたはこの世の者ですが、わたしはこの世の者ではありません。24それで、あなたがたは自分の罪の中で死ぬと、あなたがたに言ったのです。わたしが『わたしはある』であることを信じなければ、あなたがたは、自分の罪の中で死ぬことになるからです。」25そこで、彼らはイエスに言った。「あなたはだれなのですか。」イエスは言われた。「それこそ、初めからあなたがたに話していることではありませんか。26わたしには、あなたがたについて言うべきこと、さばくべきことがたくさんあります。しかし、わたしを遣わされた方は真実であって、わたしはその方から聞いたことを、そのまま世に対して語っているのです。」27彼らは、イエスが父について語っておられることを理解していなかった。28そこで、イエスは言われた。「あなたがたが人の子を上げたとき、そのとき、わたしが『わたしはある』であること、また、わたしが自分からは何もせず、父がわたしに教えられたとおりに、これらのことを話していたことを、あなたがたは知るようになります。29わたしを遣わした方は、わたしとともにおられます。わたしを一人残されることはありません。わたしは、その方が喜ばれることをいつも行うからです。」30イエスがこれらのことを話されると、多くの者がイエスを信じた。

真理による自由と悪魔から出た者たちの反発

31イエスは、ご自分を信じたユダヤ人たちに言われた。「あなたがたは、わたしのことばにとどまるなら、本当にわたしの弟子です。32あなたがたは真理を知り、真理はあなたがたを自由にします。」33彼らはイエスに答えた。「私たちはアブラハムの子孫であって、今までだれの奴隷になったこともありません。どうして、『あなたがたは自由になる』と言われるのですか。」34イエスは彼らに答えられた。「まことに、まことに、あなたがたに言います。罪を行っている者はみな、罪の奴隷です。35奴隷はいつまでも家にいるわけではありませんが、息子はいつまでもいます。36ですから、子があなたがたを自由にするなら、あなたがたは本当に自由になるのです。37わたしは、あなたがたがアブラハムの子孫であることを知っています。しかし、あなたがたはわたしを殺そうとしています。わたしのことばが、あなたがたのうちに入っていないからです。38わたしは父のもとで見たことを話しています。あなたがたは、あなたがたの父から聞いたことを行っています。」39彼らはイエスに答えて言った。「私たちの父はアブラハムです。」イエスは彼らに言われた。「あなたがたがアブラハムの子どもなら、アブラハムのわざを行うはずです。40ところが今あなたがたは、神から聞いた真理をあなたがたに語った者であるわたしを、殺そうとしています。アブラハムはそのようなことをしませんでした。41 あなたがたは、あなたがたの父がすることを行っているのです。」すると、彼らは言った。「私たちは淫らな行いによって生まれた者ではありません。私たちにはひとりの父、神がいます。」42 イエスは言われた。「神があなたがたの父であるなら、あなたがたはわたしを愛するはずです。わたしは神のもとから来てここにいるからです。わたしは自分で来たのではなく、神がわたしを遣わされたのです。43 あなたがたは、なぜわたしの話が分からないのですか。それは、わたしのことばに聞き従うことができないからです。44 あなたがたは、悪魔である父から出た者であって、あなたがたの父の欲望を成し遂げたいと思っています。悪魔は初めから人殺しで、真理に立っていません。彼のうちには真理がないからです。悪魔は、偽りを言うとき、自分の本性から話します。なぜなら彼は偽り者、また偽りの父だからです。45 しかし、このわたしは真理を話しているので、あなたがたはわたしを信じません。46 あなたがたのうちのだれが、わたしに罪があると責めることができますか。わたしが真理を話しているなら、なぜわたしを信じないのですか。47 神から出た者は、神のことばに聞き従います。ですから、あなたがたが聞き従わないのは、あなたがたが神から出た者でないからです。」

アブラハムが生まれる前から「わたしはある」である

48 ユダヤ人たちはイエスに答えて言った。「あなたはサマリア人で悪霊につかれている、と私たちが言うのも当然ではないか。」49 イエスは答えられた。「わたしは悪霊につかれてはいません。むしろ、わたしの父を敬っているのに、あなたがたはわたしを卑しめています。50 わたしは自分の栄光を求めません。それを求め、さばきをなさる方がおられます。51 まことに、まことに、あなたがたに言います。だれでもわたしのことばを守るなら、その人はいつまでも決して死を見ることがありません。」52 ユダヤ人たちはイエスに言った。「あなたが悪霊につかれていることが、今分かった。アブラハムは死に、預言者たちも死んだ。それなのにあなたは、『だれでもわたしのことばを守るなら、その人はいつまでも決して死を味わうことがない』と言う。53 あなたは、私たちの父アブラハムよりも偉大なのか。アブラハムは死んだ。預言者たちも死んだ。あなたは、自分を何者だと言うのか。」54 イエスは答えられた。「わたしがもし自分自身に栄光を帰するなら、わたしの栄光は空しい。わたしに栄光を与える方は、わたしの父です。この方を、あなたがたは『私たちの神である』と言っています。55 あなたがたはこの方を知らないが、わたしは知っています。もしわたしがこの方を知らないと言うなら、わたしもあなたがたと同様に偽り者となるでしょう。しかし、わたしはこの方を知っていて、そのみことばを守っています。56あなたがたの父アブラハムは、わたしの日を見るようになることを、大いに喜んでいました。そして、それを見て、喜んだのです。」57そこで、ユダヤ人たちはイエスに向かって言った。「あなたはまだ五十歳になっていないのに、アブラハムを見たのか。」58イエスは彼らに言われた。「まことに、まことに、あなたがたに言います。アブラハムが生まれる前から、『わたしはある』なのです。」59すると彼らは、イエスに投げつけようと石を取った。しかし、イエスは身を隠して、宮から出て行かれた。

9

生まれたときから目の見えない人を安息日に癒やす

1さて、イエスは通りすがりに、生まれたときから目の見えない人をご覧になった。2弟子たちはイエスに尋ねた。「先生。この人が盲目で生まれたのは、だれが罪を犯したからですか。この人ですか。両親ですか。」3イエスは答えられた。「この人が罪を犯したのでもなく、両親でもありません。この人に神のわざが現れるためです。4わたしたちは、わたしを遣わされた方のわざを、昼のうちに行わなければなりません。だれも働くことができない夜が来ます。5わたしが世にいる間は、わたしが世の光です。」6イエスはこう言ってから、地面に唾をして、その唾で泥を作られた。そして、その泥を彼の目に塗って、7「行って、シロアム（訳すと、遣わされた者）の池で洗いなさい」と言われた。そこで、彼は行って洗った。すると、見えるようになり、帰って行った。8近所の人たちや、彼が物乞いであったのを前に見ていた人たちが言った。「これは座って物乞いをしていた人ではないか。」9ある者たちは、「そうだ」と言い、ほかの者たちは「違う。似ているだけだ」と言った。当人は、「私がその人です」と言った。10そこで、彼らは言った。「では、おまえの目はどのようにして開いたのか。」11彼は答えた。「イエスという方が泥を作って、私の目に塗り、『シロアムの池に行って洗いなさい』と言われました。それで、行って洗うと、見えるようになりました。」12彼らが「その人はどこにいるのか」と言うと、彼は「知りません」と答えた。

パリサイ人たちによる取り調べ

13人々は、前に目の見えなかったその人を、パリサイ人たちのところに連れて行った。14イエスが泥を作って彼の目を開けたのは、安息日であった。15こういうわけで再び、パリサイ人たちも、どのようにして見えるようになったのか、彼に尋ねた。彼は、「あの方が私の目に泥を塗り、私が洗いました。それで今は見えるのです」と答えた。16すると、パリサイ人のうちのある者たちは、「その人は安息日を守らないのだから、神のもとから来た者ではない」と言った。ほかの者たちは「罪人である者に、どうしてこのようなしるしを行うことができるだろうか」と言った。そして、彼らの間に分裂が生じた。17そこで、彼らは再び、目の見えなかった人に言った。「おまえは、あの人についてどう思うか。あの人に目を開けてもらったのだから。」彼は「あの方は預言者です」と答えた。

18ユダヤ人たちはこの人について、目が見えなかったのに見えるようになったことを信じず、ついには、目が見えるようになった人の両親を呼び出して、19尋ねた。「この人は、あなたがたの息子か。盲目で生まれたとあなたがたが言っている者か。そうだとしたら、どうして今は見えるのか。」20そこで、両親は答えた。「これが私たちの息子で、盲目で生まれたことは知っています。21しかし、どうして今見えているのかは知りません。だれが息子の目を開けてくれたのかも知りません。本人に聞いてください。もう大人です。自分のことは自分で話すでしょう。」22彼の両親がこう言ったのは、ユダヤ人たちを恐れたからであった。すでにユダヤ人たちは、イエスをキリストであると告白する者がいれば、会堂から追放すると決めていた。23そのために彼の両親は、「もう大人ですから、息子に聞いてください」と言ったのである。

24そこで彼らは、目の見えなかったその人をもう一度呼び出して言った。「神に栄光を帰しなさい。私たちはあの人が罪人であることを知っているのだ。」25彼は答えた。「あの方が罪人かどうか私は知りませんが、一つのことは知っています。私は盲目であったのに、今は見えるということです。」26彼らは言った。「あの人はおまえに何をしたのか。どのようにしておまえの目を開けたのか。」27彼は答えた。「すでに話しましたが、あなたがたは聞いてくれませんでした。なぜもう一度聞こうとするのですか。あなたがたも、あの方の弟子になりたいのですか。」28彼らは彼をののしって言った。「おまえはあの者の弟子だが、私たちはモーセの弟子だ。29神がモーセに語られたということを私たちは知っている。しかし、あの者については、どこから来たのか知らない。」30その人は彼らに答えた。「これは驚きです。あの方がどこから来られたのか、あなたがたが知らないとは。あの方は私の目を開けてくださったのです。31私たちは知っています。神は、罪人たちの言うことはお聞きになりませんが、神を敬い、神のみこころを行う者がいれば、その人の言うことはお聞きくださいます。32盲目で生まれた者の目を開けた人がいるなどと、昔から聞いたことがありません。33あの方が神から出ておられるのでなかったら、何もできなかったはずです。」34彼らは答えて言った。「おまえは全く罪の中に生まれていながら、私たちを教えるのか。」そして、彼を外に追い出した。

霊的な盲目

35イエスは、ユダヤ人たちが彼を外に追い出したことを聞き、彼を見つけ出して言われた。「あなたは人の子を信じますか。」36その人は答えた。「主よ、私が信じることができるように教えてください。その人はどなたですか。」37イエスは彼に言われた。「あなたはその人を見ています。あなたと話しているのが、その人です。」38彼は「主よ、信じます」と言って、イエスを礼拝した。39そこで、イエスは言われた。「わたしはさばきのためにこの世に来ました。目の見えない者が見えるようになり、見える者が盲目となるためです。」40パリサイ人の中でイエスとともにいた者たちが、このことを聞いて、イエスに言った。「私たちも盲目なのですか。」41イエスは彼らに言われた。「もしあなたがたが盲目であったなら、あなたがたに罪はなかったでしょう。しかし、今、『私たちは見える』と言っているのですから、あなたがたの罪は残ります。」

10

羊と羊の牧者

1「まことに、まことに、あなたがたに言います。羊たちの囲いに、門から入らず、ほかのところを乗り越えて来る者は、盗人であり強盗です。2しかし、門から入るのは羊たちの牧者です。3門番は牧者のために門を開き、羊たちはその声を聞き分けます。牧者は自分の羊たちを、それぞれ名を呼んで連れ出します。4羊たちをみな外に出すと、牧者はその先頭に立って行き、羊たちはついて行きます。彼の声を知っているからです。5しかし、ほかの人には決してついて行かず、逃げて行きます。ほかの人たちの声は知らないからです。」6イエスはこの比喩を彼らに話されたが、彼らは、イエスが話されたことが何のことなのか、分からなかった。

良い牧者であるイエス

7そこで、再びイエスは言われた。「まことに、まことに、あなたがたに言います。わたしは羊たちの門です。8わたしの前に来た者たちはみな、盗人であり強盗です。羊たちは彼らの言うことを聞きませんでした。9わたしは門です。だれでも、わたしを通って入るなら救われます。また出たり入ったりして、牧草を見つけます。10盗人が来るのは、盗んだり、殺したり、滅ぼしたりするためにほかなりません。わたしが来たのは、羊たちがいのちを得るため、それも豊かに得るためです。11わたしは良い牧者です。良い牧者は羊たちのためにいのちを捨てます。12牧者でない雇い人は、羊たちが自分のものではないので、狼が来るのを見ると、置き去りにして逃げてしまいます。それで、狼は羊たちを奪ったり散らしたりします。13彼は雇い人で、羊たちのことを心にかけていないからです。14わたしは良い牧者です。わたしはわたしのものを知っており、わたしのものは、わたしを知っています。15ちょうど、父がわたしを知っておられ、わたしが父を知っているのと同じです。また、わたしは羊たちのために自分のいのちを捨てます。16わたしにはまた、この囲いに属さないほかの羊たちがいます。それらも、わたしは導かなければなりません。その羊たちはわたしの声に聞き従います。そして、一つの群れ、一人の牧者となるのです。17わたしが再びいのちを得るために自分のいのちを捨てるからこそ、父はわたしを愛してくださいます。18だれも、わたしからいのちを取りません。わたしが自分からいのちを捨てるのです。わたしには、それを捨てる権威があり、再び得る権威があります。わたしはこの命令を、わたしの父から受けたのです。」

19これらのことばのために、ユダヤ人たちの間に再び分裂が生じた。20彼らのうちの多くの人が言った。「彼は悪霊につかれておかしくなっている。どうしてあなたがたは、彼の言うことを聞くのか。」21ほかの者たちは言った。「これは悪霊につかれた人のことばではない。見えない人の目を開けることを、悪霊ができるというのか。」

イエスと父は一つ（宮きよめの祭り）

22そのころ、エルサレムで宮きよめの祭りがあった。時は冬であった。23イエスは宮の中で、ソロモンの回廊を歩いておられた。24ユダヤ人たちは、イエスを取り囲んで言った。「あなたは、いつまで私たちに気をもませるのですか。あなたがキリストなら、はっきりと言ってください。」25イエスは彼らに答えられた。「わたしは話したのに、あなたがたは信じません。

わたしが父の名によって行うわざが、わたしについて証ししているのに、26あなたがたは信じません。あなたがたがわたしの羊の群れに属していないからです。27わたしの羊たちはわたしの声を聞き分けます。わたしもその羊たちを知っており、彼らはわたしについて来ます。28わたしは彼らに永遠のいのちを与えます。彼らは永遠に、決して滅びることがなく、また、だれも彼らをわたしの手から奪い去りはしません。29わたしの父がわたしに与えてくださった者は、すべてにまさって大切です。だれも彼らを、父の手から奪い去ることはできません。30わたしと父とは一つです。」

ユダヤ人たちによる拒絶

31ユダヤ人たちは、イエスを石打ちにしようとして、再び石を取り上げた。32イエスは彼らに答えられた。「わたしは、父から出た多くの良いわざを、あなたがたに示しました。そのうちのどのわざのために、わたしを石打ちにしようとするのですか。」33ユダヤ人たちはイエスに答えた。「あなたを石打ちにするのは良いわざのためではなく、冒瀆のためだ。あなたは人間でありながら、自分を神としているからだ。」34イエスは彼らに答えられた。「あなたがたの律法に、『わたしは言った。「おまえたちは神々だ」』と書かれていないでしょうか。35神のことばを受けた人々を神々と呼んだのなら、聖書が廃棄されることはあり得ないのだから、36『わたしは神の子である』とわたしが言ったからといって、どうしてあなたがたは、父が聖なる者とし、世に遣わした者について、『神を冒瀆している』と言うのですか。37もしわたしが、わたしの父のみわざを行っていないのなら、わたしを信じてはなりません。38しかし、行っているのなら、たとえわたしが信じられなくても、わたしのわざを信じなさい。それは、父がわたしにおられ、わたしも父にいることを、あなたがたが知り、また深く理解するようになるためです。」39そこで、彼らは再びイエスを捕らえようとしたが、イエスは彼らの手から逃れられた。

ヨルダンの川向こうで信じた人々

40そして、イエスは再びヨルダンの川向こう、ヨハネが初めにバプテスマを授けていた場所に行き、そこに滞在された。41多くの人々がイエスのところに来た。彼らは「ヨハネは何もしるしを行わなかったが、この方についてヨハネが話したことはすべて真実であった」と言った。42そして、その地で多くの人々がイエスを信じた。

11

ベタニアのラザロの死

1さて、ある人が病気にかかっていた。ベタニアのラザロである。ベタニアはマリアとその姉妹マルタの村であった。2このマリアは、主に香油を塗り、自分の髪で主の足をぬぐったマリアで、彼女の兄弟ラザロが病んでいたのである。3姉妹たちは、イエスのところに使いを送って言った。「主よ、ご覧ください。あなたが愛しておられる者が病気です。」4これを聞いて、イエスは言われた。「この病気は死で終わるものではなく、神の栄光のためのものです。それによって神の子が栄光を受けることになります。」5イエスはマルタとその姉妹とラザロを愛しておられた。6しかし、イエスはラザロが病んでいると聞いてからも、そのときいた場所に二日とどまられた。7それからイエスは、「もう一度ユダヤに行こう」と弟子たちに言われた。8弟子たちはイエスに言った。「先生。ついこの間ユダヤ人たちがあなたを石打ちにしようとしたのに、またそこにおいでになるのですか。」9イエスは答えられた。「昼間は十二時間あるではありませんか。だれでも昼間歩けば、つまずくことはありません。この世の光を見ているからです。10しかし、夜歩けばつまずきます。その人のうちに光がないからです。」11イエスはこのように話し、それから弟子たちに言われた。「わたしたちの友ラザロは眠ってしまいました。わたしは彼を起こしに行きます。」12弟子たちはイエスに言った。「主よ。眠っているのなら、助かるでしょう。」13イエスは、ラザロの死のことを言われたのだが、彼らは睡眠の意味での眠りを言われたものと思ったのである。

14そこで、イエスは弟子たちに、今度ははっきりと言われた。「ラザロは死にました。15あなたがたのため、あなたがたが信じるためには、わたしがその場に居合わせなかったことを喜んでいます。さあ、彼のところへ行きましょう。」16そこで、デドモと呼ばれるトマスが仲間の弟子たちに言った。「私たちも行って、主と一緒に死のうではないか。」

よみがえりであり、いのちであるイエス

17イエスがおいでになると、ラザロは墓の中に入れられて、すでに四日たっていた。18ベタニアはエルサレムに近く、十五スタディオンほど離れたところにあった。19マルタとマリアのところには、兄弟のことで慰めようと、大勢のユダヤ人が来ていた。20マルタは、イエスが来られたと聞いて、出迎えに行った。マリアは家で座っていた。21マルタはイエスに言った。

「主よ。もしここにいてくださったなら、私の兄弟は死ななかったでしょうに。22 しかし、あなたが神にお求めになることは何でも、神があなたにお与えになることを、私は今でも知っています。」23 イエスは彼女に言われた。「あなたの兄弟はよみがえります。」24 マルタはイエスに言った。「終わりの日のよみがえりの時に、私の兄弟がよみがえることは知っています。」25 イエスは彼女に言われた。「わたしはよみがえりです。いのちです。わたしを信じる者は死んでも生きるのです。26 また、生きていてわたしを信じる者はみな、永遠に決して死ぬことがありません。あなたは、このことを信じますか。」27 彼女はイエスに言った。「はい、主よ。私は、あなたが世に来られる神の子キリストであると信じております。」

墓の前で涙を流したイエス

28 マルタはこう言ってから、帰って行って姉妹のマリアを呼び、そっと伝えた。「先生がお見えになり、あなたを呼んでおられます。」29 マリアはそれを聞くと、すぐに立ち上がって、イエスのところに行った。30 イエスはまだ村に入らず、マルタが出迎えた場所におられた。31 マリアとともに家にいて、彼女を慰めていたユダヤ人たちは、マリアが急いで立ち上がって出て行くのを見て、墓に泣きに行くのだろうと思い、ついて行った。32 マリアはイエスがおられるところに来た。そしてイエスを見ると、足もとにひれ伏して言った。「主よ。もしここにいてくださったなら、私の兄弟は死ななかったでしょうに。」33 イエスは、彼女が泣き、一緒に来たユダヤ人たちも泣いているのをご覧になった。そして、霊に憤りを覚え、心を騒がせて、34「彼をどこに置きましたか」と言われた。彼らはイエスに「主よ、来てご覧ください」と言った。35 イエスは涙を流された。36 ユダヤ人たちは言った。「ご覧なさい。どんなにラザロを愛しておられたことか。」37 しかし、彼らのうちのある者たちは、「見えない人の目を開けたこの方も、ラザロが死なないようにすることはできなかったのか」と言った。

ラザロを生き返らせたイエス

38 イエスは再び心のうちに憤りを覚えながら、墓に来られた。墓は洞穴で、石が置かれてふさがれていた。39 イエスは言われた。「その石を取りのけなさい。」死んだラザロの姉妹マルタは言った。「主よ、もう臭くなっています。四日になりますから。」40 イエスは彼女に言われた。「信じるなら神の栄光を見る、とあなたに言ったではありませんか。」41 そこで、彼らは石を取りのけた。イエスは目を上げて言われた。「父よ、わたしの願いを聞いてくださったことを感謝します。42あなたはいつでもわたしの願いを聞いてくださると、わたしは知っておりましたが、周りにいる人たちのために、こう申し上げました。あなたがわたしを遣わされたことを、彼らが信じるようになるために。」43そう言ってから、イエスは大声で叫ばれた。「ラザロよ、出て来なさい。」44すると、死んでいた人が、手と足を長い布で巻かれたまま出て来た。彼の顔は布で包まれていた。イエスは彼らに言われた。「ほどいてやって、帰らせなさい。」

イエスを殺す計画 マタ26・1—5、マコ14・1—2、ルカ22・1—2

45マリアのところに来ていて、イエスがなさったことを見たユダヤ人の多くが、イエスを信じた。46しかし、何人かはパリサイ人たちのところに行って、イエスがなさったことを伝えた。

47祭司長たちとパリサイ人たちは最高法院を召集して言った。「われわれは何をしているのか。あの者が多くのしるしを行っているというのに。48あの者をこのまま放っておけば、すべての人があの者を信じるようになる。そうなると、ローマ人がやって来て、われわれの土地も国民も取り上げてしまうだろう。」

49しかし、彼らのうちの一人で、その年の大祭司であったカヤパが、彼らに言った。「あなたがたは何も分かっていない。50一人の人が民に代わって死んで、国民全体が滅びないですむほうが、自分たちにとって得策だということを、考えてもいない。」51このことは、彼が自分から言ったのではなかった。彼はその年の大祭司であったので、イエスが国民のために死のうとしておられること、52また、ただ国民のためだけでなく、散らされている神の子らを一つに集めるためにも死のうとしておられることを、預言したのである。

53その日以来、彼らはイエスを殺そうと企んだ。

54そのために、イエスはもはやユダヤ人たちの間を公然と歩くことをせず、そこから荒野に近い地方に去って、エフライムという町に入り、弟子たちとともにそこに滞在された。

55さて、ユダヤ人の過越の祭りが近づいた。多くの人々が、身を清めるため、過越の祭りの前に地方からエルサレムに上って来た。56彼らはイエスを捜し、宮の中に立って互いに話していた。「どう思うか。あの方は祭りに来られないのだろうか。」57祭司長たち、パリサイ人たちはイエスを捕らえるために、イエスがどこにいるかを知っている者は報告するように、という命令を出していた。

12

ベタニアでマリアがイエスの足に香油を塗る

マタ26・6－13、マコ14・3－9

1さて、イエスは過越の祭りの六日前にベタニアに来られた。そこには、イエスが死人の中からよみがえらせたラザロがいた。2人々はイエスのために、そこに夕食を用意した。マルタは給仕し、ラザロは、イエスとともに食卓に着いていた人たちの中にいた。3一方マリアは、純粋で非常に高価なナルドの香油を一リトラ取って、イエスの足に塗り、自分の髪でその足をぬぐった。家は香油の香りでいっぱいになった。4弟子の一人で、イエスを裏切ろうとしていたイスカリオテのユダが言った。5「どうして、この香油を三百デナリで売って、貧しい人々に施さなかったのか。」6彼がこう言ったのは、貧しい人々のことを心にかけていたからではなく、彼が盗人で、金入れを預かりながら、そこに入っているものを盗んでいたからであった。7イエスは言われた。「そのままさせておきなさい。マリアは、わたしの葬りの日のために、それを取っておいたのです。8貧しい人々は、いつもあなたがたと一緒にいますが、わたしはいつも一緒にいるわけではありません。」

ラザロを殺す相談

9すると、大勢のユダヤ人の群衆が、そこにイエスがおられると知って、やって来た。イエスに会うためだけではなく、イエスが死人の中からよみがえらせたラザロを見るためでもあった。10祭司長たちはラザロも殺そうと相談した。11彼のために多くのユダヤ人が去って行き、イエスを信じるようになったからである。

エルサレムに勝利の入城

マタ21・1－11、マコ11・1－11、ルカ19・28－38

12その翌日、祭りに来ていた大勢の群衆は、イエスがエルサレムに来られると聞いて、13なつめ椰子の枝を持って迎えに出て行き、こう叫んだ。

「ホサナ。
祝福あれ、主の御名によって来られる方に。
イスラエルの王に。」

14イエスはろばの子を見つけて、それに乗られた。次のように書かれているとおりである。

15「恐れるな、娘シオン。
見よ、あなたの王が来られる。
ろばの子に乗って。」

16これらのことは、初め弟子たちには分からなかった。しかし、イエスが栄光を受けられた後、これがイエスについて書かれていたことで、それを人々がイエスに行ったのだと、彼らは思い起こした。17さて、イエスがラザロを墓から呼び出して、死人の中からよみがえらせたときにイエスと一緒にいた群衆は、そのことを証しし続けていた。18群衆がイエスを出迎えたのは、イエスがこのしるしを行われたことを聞いたからであった。19それで、パリサイ人たちは互いに言った。「見てみなさい。何一つうまくいっていない。見なさい。世はこぞってあの人の後について行ってしまった。」

イエスに会うことを願ったギリシア人たち

20さて、祭りで礼拝のために上って来た人々の中に、ギリシア人が何人かいた。21この人たちは、ガリラヤのベツサイダ出身のピリポのところに来て、「お願いします。イエスにお目にかかりたいのです」と頼んだ。22ピリポは行ってアンデレに話し、アンデレとピリポは行って、イエスに話した。23すると、イエスは彼らに答えられた。「人の子が栄光を受ける時が来ました。24まことに、まことに、あなたがたに言います。一粒の麦は、地に落ちて死ななければ、一粒のままです。しかし、死ぬなら、豊かな実を結びます。25自分のいのちを愛する者はそれを失い、この世で自分のいのちを憎む者は、それを保って永遠のいのちに至ります。26わたしに仕えるというのなら、その人はわたしについて来なさい。わたしがいるところに、わたしに仕える者もいることになります。わたしに仕えるなら、父はその人を重んじてくださいます。」

人の子は上げられなければならない

27「今わたしの心は騒いでいる。何と言おうか。『父よ、この時からわたしをお救いください』と言おうか。いや、このためにこそ、わたしはこの時に至ったのだ。28父よ、御名の栄光を現してください。」すると、天から声が聞こえた。「わたしはすでに栄光を現した。わたしは再び栄光を現そう。」29そばに立っていてそれを聞いた群衆は、「雷が鳴ったのだ」と言った。ほかの人々は、「御使いがあの方に話しかけたのだ」と言った。30イエスは答えられた。「この声が聞こえたのは、わたしのためではなく、あなたがたのためです。31今、この世に対するさばきが行われ、今、この世を支配する者が追い出されます。32わたしが地上から上げられるとき、わたしはすべての人を自分のもとに引き寄せます。」33これは、ご自分がどのような死に方で死ぬことになるかを示して、言われたのである。34 そこで、群衆はイエスに答えた。「私たちは律法によって、キリストはいつまでも生きると聞きましたが、あなたはどうして、人の子は上げられなければならないと言われるのですか。その人の子とはだれですか。」35 そこで、イエスは彼らに言われた。「もうしばらく、光はあなたがたの間にあります。闇があなたがたを襲うことがないように、あなたがたは光があるうちに歩きなさい。闇の中を歩く者は、自分がどこに行くのか分かりません。36 自分に光があるうちに、光の子どもとなれるように、光を信じなさい。」

ユダヤ人たちの不信仰

イエスは、これらのことを話すと、立ち去って彼らから身を隠された。37 イエスがこれほど多くのしるしを彼らの目の前で行われたのに、彼らはイエスを信じなかった。38 それは、預言者イザヤのことばが成就するためであった。彼はこう言っている。

「主よ。私たちが聞いたことを、だれが信じたか。
主の御腕はだれに現れたか。」

39 イザヤはまた次のように言っているので、彼らは信じることができなかったのである。

40 「主は彼らの目を見えないようにされた。
また、彼らの心を頑なにされた。
彼らがその目で見ることも、
心で理解することも、
立ち返ることもないように。
そして、わたしが彼らを癒やすことも
ないように。」

41 イザヤがこう言ったのは、イエスの栄光を見たからであり、イエスについて語ったのである。42 しかし、それにもかかわらず、議員たちの中にもイエスを信じた者が多くいた。ただ、会堂から追放されないように、パリサイ人たちを気にして、告白しなかった。43 彼らは、神からの栄誉よりも、人からの栄誉を愛したのである。

イエスのことばがさばく

44 イエスは大きな声でこう言われた。「わたしを信じる者は、わたしではなく、わたしを遣わされた方を信じるのです。45 また、わたしを見る者は、わたしを遣わされた方を見るのです。46 わたしは光として世に来ました。わたしを信じる者が、だれも闇の中にとどまることのないようにするためです。47 だれか、わたしのことばを聞いてそれを守らない者がいても、わたしはその人をさばきません。わたしが来たのは世をさばくためではなく、世を救うためだからです。48 わたしを拒み、わたしのことばを受け入れない者には、その人をさばくものがあります。わたしが話したことば、それが、終わりの日にその人をさばきます。49わたしは自分から話したのではなく、わたしを遣わされた父ご自身が、言うべきこと、話すべきことを、わたしにお命じになったのだからです。50わたしは、父の命令が永遠のいのちであることを知っています。ですから、わたしが話していることは、父がわたしに言われたとおりを、そのまま話しているのです。」

13

弟子たちの足を洗ったイエス

1さて、過越の祭りの前のこと、イエスは、この世を去って父のみもとに行く、ご自分の時が来たことを知っておられた。そして、世にいるご自分の者たちを愛してきたイエスは、彼らを最後まで愛された。2夕食の間のこと、悪魔はすでにシモンの子イスカリオテのユダの心に、イエスを裏切ろうという思いを入れていた。3イエスは、父が万物をご自分の手に委ねてくださったこと、またご自分が神から出て、神に帰ろうとしていることを知っておられた。4イエスは夕食の席から立ち上がって、上着を脱ぎ、手ぬぐいを取って腰にまとわれた。5それから、たらいに水を入れて、弟子たちの足を洗い、腰にまとっていた手ぬぐいでふき始められた。6こうして、イエスがシモン・ペテロのところに来られると、ペテロはイエスに言った。「主よ、あなたが私の足を洗ってくださるのですか。」7イエスは彼に答えられた。「わたしがしていることは、今は分からなくても、後で分かるようになります。」8ペテロはイエスに言った。「決して私の足を洗わないでください。」イエスは答えられた。「わたしがあなたを洗わなければ、あなたはわたしと関係ないことになります。」9シモン・ペテロは言った。「主よ、足だけでなく、手も頭も洗ってください。」10イエスは彼に言われた。「水浴した者は、足以外は洗う必要がありません。全身がきよいのです。あなたがたはきよいのですが、皆がきよいわけではありません。」11イエスはご自分を裏切る者を知っておられた。それで、「皆がきよいわけではない」と言われたのである。

互いに足を洗いなさい

12イエスは彼らの足を洗うと、上着を着て再び席に着き、彼らに言われた。「わたしがあなたがたに何をしたのか分かりますか。13あなたがたはわたしを『先生』とか『主』とか呼んでいます。そう言うのは正しいことです。そのとおりなのですから。14主であり、師であるこのわたしが、あなたがたの足を洗ったのであれば、あなたがたもまた、互いに足を洗い合わなければなりません。15 わたしがあなたがたにしたとおりに、あなたがたもするようにと、あなたがたに模範を示したのです。16 まことに、まことに、あなたがたに言います。しもべは主人にまさらず、遣わされた者は遣わした者にまさりません。17 これらのことが分かっているなら、そして、それを行うなら、あなたがたは幸いです。18 わたしは、あなたがたすべてについて言っているのではありません。わたしは、自分が選んだ者たちを知っています。けれども、聖書に『わたしのパンを食べている者が、わたしに向かって、かかとを上げます』と書いてあることは成就するのです。
19 事が起こる前に、今からあなたがたに言っておきます。起こったときに、わたしが『わたしはある』であることを、あなたがたが信じるためです。20 まことに、まことに、あなたがたに言います。わたしが遣わす者を受け入れる者は、わたしを受け入れるのです。そして、わたしを受け入れる者は、わたしを遣わされた方を受け入れるのです。」

裏切る者への警告 マタ26・20−25、マコ14・17−21、ルカ22・21−23

21 イエスは、これらのことを話されたとき、心が騒いだ。そして証しされた。「まことに、まことに、あなたがたに言います。あなたがたのうちの一人が、わたしを裏切ります。」22 弟子たちは、だれのことを言われたのか分からず当惑し、互いに顔を見合わせていた。23 弟子の一人がイエスの胸のところで横になっていた。イエスが愛しておられた弟子である。24 そこで、シモン・ペテロは彼に、だれのことを言われたのか尋ねるように合図した。25 その弟子はイエスの胸元に寄りかかったまま、イエスに言った。「主よ、それはだれのことですか。」26 イエスは答えられた。「わたしがパン切れを浸して与える者が、その人です。」それからイエスはパン切れを浸して取り、イスカリオテのシモンの子ユダに与えられた。27 ユダがパン切れを受け取ると、そのとき、サタンが彼に入った。すると、イエスは彼に言われた。「あなたがしようとしていることを、すぐしなさい。」28 席に着いていた者で、なぜイエスがユダにそう言われたのか、分かった者はだれもいなかった。29 ある者たちは、ユダが金入れを持っていたので、「祭りのために必要な物を買いなさい」とか、貧しい人々に何か施しをするようにとか、イエスが言われたのだと思っていた。30 ユダはパン切れを受けると、すぐに出て行った。時は夜であった。

新しい戒め――互いに愛し合いなさい

31 ユダが出て行ったとき、イエスは言われた。「今、人の子は栄光を受け、神も人の子によって栄光をお受けになりました。32 神が、人の子によって栄光をお受けになったのなら、神も、ご自分で人の子に栄光を与えてくださいます。しかも、すぐに与えてくださいます。33 子どもたちよ、わたしはもう少しの間あなたがたとともにいます。あなたがたはわたしを捜すことになります。ユダヤ人たちに言ったように、今あなたがたにも言います。わたしが行くところに、あなたがたは来ることができません。34 わたしはあなたがたに新しい戒めを与えます。互いに愛し合いなさい。わたしがあなたがたを愛したように、あなたがたも互いに愛し合いなさい。35 互いの間に愛があるなら、それによって、あなたがたがわたしの弟子であることを、すべての人が認めるようになります。」

ペテロによる否認の予告

マタ26・31―35、マコ14・27―31、ルカ22・31―34

36 シモン・ペテロがイエスに言った。「主よ、どこにおいでになるのですか。」イエスは答えられた。「わたしが行くところに、あなたは今ついて来ることができません。しかし後にはついて来ます。」37 ペテロはイエスに言った。「主よ、なぜ今ついて行けないのですか。あなたのためなら、いのちも捨てます。」38 イエスは答えられた。「わたしのためにいのちも捨てるのですか。まことに、まことに、あなたに言います。鶏が鳴くまでに、あなたは三度わたしを知らないと言います。」

14

父のみもとに行く道であるイエス

1 「あなたがたは心を騒がせてはなりません。神を信じ、またわたしを信じなさい。2 わたしの父の家には住む所がたくさんあります。そうでなかったら、あなたがたのために場所を用意しに行く、と言ったでしょうか。3 わたしが行って、あなたがたに場所を用意したら、また来て、あなたがたをわたしのもとに迎えます。わたしがいるところに、あなたがたもいるようにするためです。4 わたしがどこに行くのか、その道をあなたがたは知っています。」5 トマスはイエスに言った。「主よ、どこへ行かれるのか、私たちには分かりません。どうしたら、その道を知ることができるでしょうか。」6 イエスは彼に言われた。「わたしが道であり、真理であり、いのちなのです。わたしを通してでなければ、だれも父のみもとに行くことはできません。7 あなたがたがたがわたしを知っているなら、わたしの父をも知ることになります。今から父を知るのです。いや、すでにあなたがたは父を見たのです。」8 ピリポはイエスに言った。「主よ、私たちに父を見せてください。そうすれば満足します。」9 イエスは彼に言われた。「ピリポ、こんなに長い間、あなたがたと一緒にいるのに、わたしを知らないのですか。わたしを見た人は、父を見たのです。どうしてあなたは、『私たちに父を見せてください』と言うのですか。10 わたしが父のうちにいて、父がわたしのうちにおられることを、信じていないのですか。わたしがあなたがたに言うことばは、自分から話しているのではありません。わたしのうちにおられる父が、ご自分のわざを行っておられるのです。11 わたしが父のうちにいて、父がわたしのうちにおられると、わたしが言うのを信じなさい。信じられないのなら、わざのゆえに信じなさい。12 まことに、まことに、あなたがたに言います。わたしを信じる者は、わたしが行うわざを行い、さらに大きなわざを行います。わたしが父のもとに行くからです。13 またわたしは、あなたがたがわたしの名によって求めることは、何でもそれをしてあげます。父が子によって栄光をお受けになるためです。14 あなたがたが、わたしの名によって何かをわたしに求めるなら、わたしがそれをしてあげます。

もう一人の助け主、聖霊が与えられる約束

15 もしわたしを愛しているなら、あなたがたはわたしの戒めを守るはずです。16 そしてわたしが父にお願いすると、父はもう一人の助け主をお与えくださり、その助け主がいつまでも、あなたがたとともにいるようにしてくださいます。17 この方は真理の御霊です。世はこの方を見ることも知ることもないので、受け入れることができません。あなたがたは、この方を知っています。この方はあなたがたとともにおられ、また、あなたがたのうちにおられるようになるのです。18 わたしは、あなたがたを捨てて孤児にはしません。あなたがたのところに戻って来ます。19 あと少しで、世はもうわたしを見なくなります。しかし、あなたがたはわたしを見ます。わたしが生き、あなたがたも生きることになるからです。20 その日には、わたしが父のうちに、あなたがたがわたしのうちに、そしてわたしがあなたがたのうちにいることが、あなたがたに分かります。21 わたしの戒めを保ち、それを守る人は、わたしを愛している人です。わたしを愛している人はわたしの父に愛され、わたしもその人を愛し、わたし自身をその人に現します。」22 イスカリオテでないほ

うのユダがイエスに言った。「主よ。私たちにはご自分を現そうとなさるのに、世にはそうなさらないのは、どうしてですか。」23イエスは彼に答えられた。「だれでもわたしを愛する人は、わたしのことばを守ります。そうすれば、わたしの父はその人を愛し、わたしたちはその人のところに来て、その人とともに住みます。24わたしを愛さない人は、わたしのことばを守りません。あなたがたが聞いていることばは、わたしのものではなく、わたしを遣わされた父のものです。

25これらのことを、わたしはあなたがたと一緒にいる間に話しました。26しかし、助け主、すなわち、父がわたしの名によってお遣わしになる聖霊は、あなたがたにすべてのことを教え、わたしがあなたがたに話したすべてのことを思い起こさせてくださいます。27わたしはあなたがたに平安を残します。わたしの平安を与えます。わたしは、世が与えるのと同じようには与えません。あなたがたは心を騒がせてはなりません。ひるんではなりません。28『わたしは去って行くが、あなたがたのところに戻って来る』とわたしが言ったのを、あなたがたは聞きました。わたしを愛しているなら、わたしが父のもとに行くことを、あなたがたは喜ぶはずです。父はわたしよりも偉大な方だからです。29今わたしは、それが起こる前にあなたがたに話しました。それが起こったとき、あなたがたが信じるためです。30わたしはもう、あなたがたに多くを話しません。この世を支配する者が来るからです。彼はわたしに対して何もすることができません。31それは、わたしが父を愛していて、父が命じられたとおりに行っていることを、世が知るためです。立ちなさい。さあ、ここから行くのです。

15

まことのぶどうの木、イエスにとどまること

1わたしはまことのぶどうの木、わたしの父は農夫です。2わたしの枝で実を結ばないものはすべて、父がそれを取り除き、実を結ぶものはすべて、もっと多く実を結ぶように、刈り込みをなさいます。3あなたがたは、わたしがあなたがたに話したことばによって、すでにきよいのです。4わたしにとどまりなさい。わたしもあなたがたの中にとどまります。枝がぶどうの木にとどまっていなければ、自分では実を結ぶことができないのと同じように、あなたがたもわたしにとどまっていなければ、実を結ぶことはできません。5わたしはぶどうの木、あなたがたは枝です。人がわたしにとどまり、わたしもその人にとどまっているなら、その人は多く

の実を結びます。わたしを離れては、あなたがたは何もすることができないのです。6 わたしにとどまっていなければ、その人は枝のように投げ捨てられて枯れます。人々がそれを集めて火に投げ込むので、燃えてしまいます。7 あなたがたがわたしにとどまり、わたしのことばがあなたがたにとどまっているなら、何でも欲しいものを求めなさい。そうすれば、それはかなえられます。8 あなたがたが多くの実を結び、わたしの弟子となることによって、わたしの父は栄光をお受けになります。9 父がわたしを愛されたように、わたしもあなたがたを愛しました。わたしの愛にとどまりなさい。10 わたしがわたしの父の戒めを守って、父の愛にとどまっているのと同じように、あなたがたもわたしの戒めを守るなら、わたしの愛にとどまっているのです。11 わたしの喜びがあなたがたのうちにあり、あなたがたが喜びで満ちあふれるようになるために、わたしはこれらのことをあなたがたに話しました。

12 わたしがあなたがたを愛したように、あなたがたも互いに愛し合うこと、これがわたしの戒めです。13 人が自分の友のためにいのちを捨てること、これよりも大きな愛はだれも持っていません。14 わたしが命じることを行うなら、あなたがたはわたしの友です。15 わたしはもう、あなたがたをしもべとは呼びません。しもべなら主人が何をするのか知らないからです。わたしはあなたがたを友と呼びました。父から聞いたことをすべて、あなたがたには知らせたからです。16 あなたがたがわたしを選んだのではなく、わたしがあなたがたを選び、あなたがたを任命しました。それは、あなたがたが行って実を結び、その実が残るようになるため、また、あなたがたがわたしの名によって父に求めるものをすべて、父が与えてくださるようになるためです。17 あなたがたが互いに愛し合うこと、わたしはこれを、あなたがたに命じます。

この世の憎しみと迫害、聖霊による証し

18 世があなたがたを憎むなら、あなたがたよりも先にわたしを憎んだことを知っておきなさい。19 もしあなたがたがこの世のものであったら、世は自分のものを愛したでしょう。しかし、あなたがたは世のものではありません。わたしが世からあなたがたを選び出したのです。そのため、世はあなたがたを憎むのです。20 しもべは主人にまさるものではない、とわたしがあなたがたに言ったことばを覚えておきなさい。人々がわたしを迫害したのであれば、あなたがたも迫害します。彼らがわたしのことばを守ったのであれば、あなたがたのことばも守ります。21 しかし彼らは、これら

のことをすべて、わたしの名のゆえにあなたがたに対して行います。わたしを遣わされた方を知らないからです。22もしわたしが来て彼らに話さなかったら、彼らに罪はなかったでしょう。けれども今では、彼らの罪について弁解の余地はありません。23わたしを憎んでいる者は、わたしの父をも憎んでいます。24もしわたしが、ほかのだれも行ったことのないわざを、彼らの間で行わなかったら、彼らに罪はなかったでしょう。けれども今や、彼らはそのわざを見て、そのうえでわたしとわたしの父を憎みました。25これは、『彼らはゆえもなくわたしを憎んだ』と、彼らの律法に書かれていることばが成就するためです。

26わたしが父のもとから遣わす助け主、すなわち、父から出る真理の御霊が来るとき、その方がわたしについて証ししてくださいます。27あなたがたも証しします。初めからわたしと一緒にいたからです。

16

1わたしがこれらのことをあなたがたに話したのは、あなたがたがつまずくことのないためです。2人々はあなたがたを会堂から追放するでしょう。実際、あなたがたを殺す者がみな、自分は神に奉仕していると思う時が来ます。3彼らがそういうことを行うのは、父もわたしも知らないからです。4これらのことをあなたがたに話したのは、その時が来たとき、わたしがそれについて話したことを、あなたがたが思い出すためです。

聖霊の働き

わたしは初めからこれらのことを話すことはしませんでした。それはあなたがたとともにいたからです。5しかし今、わたしは、わたしを遣わされた方のもとに行こうとしています。けれども、あなたがたのうちだれも、『どこに行くのですか』と尋ねません。6むしろ、わたしがこれらのことを話したため、あなたがたの心は悲しみでいっぱいになっています。7しかし、わたしは真実を言います。わたしが去って行くことは、あなたがたの益になるのです。去って行かなければ、あなたがたのところに助け主はおいでになりません。でも、行けば、わたしはあなたがたのところに助け主を遣わします。8その方が来ると、罪について、義について、さばきについて、世の誤りを明らかになさいます。9罪についてというのは、彼らがわたしを信じないからです。10義についてとは、わたしが父のもとに行き、あなたがたがもはやわたしを見なくなるからです。11さばきについてとは、この世を支配する者がさばかれたからです。

12あなたがたに話すことはまだたくさんあります

が、今あなたがたはそれに耐えられません。13しかし、その方、すなわち真理の御霊が来ると、あなたがたをすべての真理に導いてくださいます。御霊は自分から語るのではなく、聞いたことをすべて語り、これから起こることをあなたがたに伝えてくださいます。14御霊はわたしの栄光を現されます。わたしのものを受けて、あなたがたに伝えてくださるのです。15父が持っておられるものはすべて、わたしのものです。ですからわたしは、御霊がわたしのものを受けて、あなたがたに伝えると言ったのです。

悲しみが喜びに変わる

16しばらくすると、あなたがたはもうわたしを見なくなりますが、またしばらくすると、わたしを見ます。」17そこで、弟子たちのうちのある者たちは互いに言った。「『しばらくすると、あなたがたはわたしを見なくなるが、またしばらくすると、わたしを見る』、また『わたしは父のもとに行くからだ』と言われるのは、どういうことなのだろうか。」18こうして、彼らは「しばらくすると、と言われるのは何のことだろうか。何を話しておられるのか私たちには分からない」と言った。19イエスは、彼らが何かを尋ねたがっているのに気づいて、彼らに言われた。「『しばらくすると、あなたがたはわたしを見なくなるが、またしばらくすると、わたしを見る』と、わたしが言ったことについて、互いに論じ合っているのですか。20まことに、まことに、あなたがたに言います。あなたがたは泣き、嘆き悲しむが、世は喜びます。あなたがたは悲しみます。しかし、あなたがたの悲しみは喜びに変わります。21女は子を産むとき、苦しみます。自分の時が来たからです。しかし、子を産んでしまうと、一人の人が世に生まれた喜びのために、その激しい痛みをもう覚えていません。22あなたがたも今は悲しんでいます。しかし、わたしは再びあなたがたに会います。そして、あなたがたの心は喜びに満たされます。その喜びをあなたがたから奪い去る者はありません。23その日には、あなたがたはわたしに何も尋ねません。まことに、まことに、あなたがたに言います。わたしの名によって父に求めるものは何でも、父はあなたがたに与えてくださいます。24今まで、あなたがたは、わたしの名によって何も求めたことがありません。求めなさい。そうすれば受けます。あなたがたの喜びが満ちあふれるようになるためです。

わたしはすでに世に勝った

25わたしはこれらのことを、あなたがたにたとえで話しました。もはやたとえで話すのではなく、はっきりと父について伝える時が来ます。26その日には、あなたがたはわたしの名によって求めます。あなたがたに代わってわたしが父に願う、と言うのではありません。27父ご自身があなたがたを愛しておられるのです。あなたがたがわたしを愛し、わたしが神のもとから出て来たことを信じたからです。28わたしは父のもとから出て、世に来ましたが、再び世を去って、父のもとに行きます。」

29弟子たちは言った。「本当に、今あなたははっきりとお話しくださり、何もたとえでは語られません。30あなたがすべてをご存じであり、だれかがあなたにお尋ねする必要もないことが、今、分かりました。ですから私たちは、あなたが神から来られたことを信じます。」31イエスは彼らに答えられた。「あなたがたは今、信じているのですか。32見なさい。その時が来ます。いや、すでに来ています。あなたがたはそれぞれ散らされて自分のところに帰り、わたしを一人残します。しかし、父がわたしとともにおられるので、わたしは一人ではありません。33これらのことをあなたがたに話したのは、あなたがたがわたしにあって平安を得るためです。世にあっては苦難があります。しかし、勇気を出しなさい。わたしはすでに世に勝ちました。」

弟子たちのために祈るイエス

17 1これらのことを話してから、イエスは目を天に向けて言われた。「父よ、時が来ました。子があなたの栄光を現すために、子の栄光を現してください。2あなたは子に、すべての人を支配する権威を下さいました。それは、あなたが下さったすべての人に、子が永遠のいのちを与えるためです。3永遠のいのちとは、唯一のまことの神であるあなたと、あなたが遣わされたイエス・キリストを知ることです。4わたしが行うようにと、あなたが与えてくださったわざを成し遂げて、わたしは地上であなたの栄光を現しました。5父よ、今、あなたご自身が御前でわたしの栄光を現してください。世界が始まる前に一緒に持っていたあの栄光を。

6あなたが世から選び出して与えてくださった人たちに、わたしはあなたの御名を現しました。彼らはあなたのものでしたが、あなたはわたしに委ねてくださいました。そして彼らはあなたのみことばを守りました。7あなたがわたしに下さったものはすべて、あなたから出ていることを、今彼らは知っています。8あなたがわたしに下さったみことばを、わたしが彼らに与えたからです。彼らはそれを受け入れ、わたしがあなたのもとから出て来たことを本当に知り、あなたがわたしを遣わされたことを信じました。9 わたしは彼らのためにお願いします。世のためにではなく、あなたがわたしに下さった人たちのためにお願いします。彼らはあなたのものですから。10 わたしのものはすべてあなたのもの、あなたのものはわたしのものです。わたしは彼らによって栄光を受けました。11 わたしはもう世にいなくなります。彼らは世にいますが、わたしはあなたのもとに参ります。聖なる父よ、わたしに下さったあなたの御名によって、彼らをお守りください。わたしたちと同じように、彼らが一つになるためです。12 彼らとともにいたとき、わたしはあなたが下さったあなたの御名によって、彼らを守りました。わたしが彼らを保ったので、彼らのうちだれも滅びた者はなく、ただ滅びの子が滅びました。それは、聖書が成就するためでした。13 わたしは今、あなたのもとに参ります。世にあってこれらのことを話しているのは、わたしの喜びが彼らのうちに満ちあふれるためです。14 わたしは彼らにあなたのみことばを与えました。世は彼らを憎みました。わたしがこの世のものでないように、彼らもこの世のものではないからです。15 わたしがお願いすることは、あなたが彼らをこの世から取り去ることではなく、悪い者から守ってくださることです。16 わたしがこの世のものではないように、彼らもこの世のものではありません。17 真理によって彼らを聖別してください。あなたのみことばは真理です。18 あなたがわたしを世に遣わされたように、わたしも彼らを世に遣わしました。19 わたしは彼らのため、わたし自身を聖別します。彼ら自身も真理によって聖別されるためです。

20 わたしは、ただこの人々のためだけでなく、彼らのことばによってわたしを信じる人々のためにも、お願いします。

弟子たちを通して信じる者たちのための祈り

21 父よ。あなたがわたしのうちにおられ、わたしがあなたのうちにいるように、すべての人を一つにしてください。彼らもわたしたちのうちにいるようにしてください。あなたがわたしを遣わされたことを、世が信じるようになるためです。22 またわたしは、あなたが下さった栄光を彼らに与えました。わたしたちが一つであるように、彼らも一つになるためです。23 わたしは彼らのうちにいて、あなたはわたしのうちにおられます。彼らが完全に一つになるためです。また、あなたがわたしを遣わされたことと、わたしを愛されたように彼らも愛されたことを、世が知るためです。24父よ。わたしに下さったものについてお願いします。わたしがいるところに、彼らもわたしとともにいるようにしてください。わたしの栄光を、彼らが見るためです。世界の基が据えられる前からわたしを愛されたゆえに、あなたがわたしに下さった栄光を。25正しい父よ。この世はあなたを知りませんが、わたしはあなたを知っています。また、この人々は、あなたがわたしを遣わされたことを知っています。26わたしは彼らにあなたの御名を知らせました。また、これからも知らせます。あなたがわたしを愛してくださった愛が彼らのうちにあり、わたしも彼らのうちにいるようにするためです。」

18

イエスの逮捕

マタ26・47―56、マコ14・43―50、ルカ22・47―53

1これらのことを話してから、イエスは弟子たちとともに、キデロンの谷の向こうに出て行かれた。そこには園があり、イエスと弟子たちは中に入られた。2一方、イエスを裏切ろうとしていたユダもその場所を知っていた。イエスが弟子たちと、たびたびそこに集まっておられたからである。3それでユダは、一隊の兵士と、祭司長たちやパリサイ人たちから送られた下役たちを連れ、明かりとたいまつと武器を持って、そこにやって来た。4イエスはご自分に起ころうとしていることをすべて知っておられたので、進み出て、「だれを捜しているのか」と彼らに言われた。5彼らは「ナザレ人イエスを」と答えた。イエスは彼らに「わたしがそれだ」と言われた。イエスを裏切ろうとしていたユダも彼らと一緒に立っていた。6イエスが彼らに「わたしがそれだ」と言われたとき、彼らは後ずさりし、地に倒れた。7イエスがもう一度、「だれを捜しているのか」と問われると、彼らは「ナザレ人イエスを」と言った。8イエスは答えられた。「わたしがそれだ、と言ったではないか。わたしを捜しているのなら、この人たちは去らせなさい。」9これは、「あなたが下さった者たちのうち、わたしは一人も失わなかった」と、イエスが言われたことばが成就するためであった。10シモン・ペテロは剣を持っていたので、それを抜いて、大祭司のしもべに切りかかり、右の耳を切り落とした。そのしもべの名はマルコスであった。11イエスはペテロに言われた。「剣をさやに収めなさい。父がわたしに下さった杯を飲まずにいられるだろうか。」

大祭司アンナスのところに連れて行かれたイエス

12一隊の兵士と千人隊長、それにユダヤ人の下役たちは、イエスを捕らえて縛り、13 まずアンナスのところに連れて行った。彼が、その年の大祭司であったカヤパのしゅうとだったからである。14 カヤパは、一人の人が民に代わって死ぬほうが得策である、とユダヤ人に助言した人である。

ペテロがイエスを知らないと言う

マタ26・69—70、マコ14・66—68、ルカ22・54—57

15 シモン・ペテロともう一人の弟子はイエスについて行った。この弟子は大祭司の知り合いだったので、イエスと一緒に大祭司の家の中庭に入ったが、16 ペテロは外で門のところに立っていた。それで、大祭司の知り合いだったもう一人の弟子が出て来て、門番の女に話し、ペテロを中に入れた。17 すると、門番をしていた召使いの女がペテロに、「あなたも、あの人の弟子ではないでしょうね」と言った。ペテロは「違う」と言った。18 しもべたちや下役たちは、寒かったので炭火を起こし、立って暖まっていた。ペテロも彼らと一緒に立って暖まっていた。

大祭司アンナスに尋問されるイエス

マタ26・59—66、マコ14・55—64、ルカ22・66—71

19 大祭司はイエスに、弟子たちのことや教えについて尋問した。20 イエスは彼に答えられた。「わたしは世に対して公然と話しました。いつでも、ユダヤ人がみな集まる会堂や宮で教えました。何も隠れて話してはいません。21 なぜ、わたしに尋ねるのですか。わたしが人々に何を話したかは、それを聞いた人たちに尋ねなさい。その人たちなら、わたしが話したことを知っています。」22 イエスがこう言われたとき、そばに立っていた下役の一人が、「大祭司にそのような答え方をするのか」と言って、平手でイエスを打った。23 イエスは彼に答えられた。「わたしの言ったことが悪いのなら、悪いという証拠を示しなさい。正しいのなら、なぜ、わたしを打つのですか。」24 アンナスは、イエスを縛ったまま大祭司カヤパのところに送った。

ペテロが再びイエスを知らないと言う

マタ26・71—75、マコ14・69—72、ルカ22・58—62

25 さて、シモン・ペテロは立ったまま暖まっていた。すると、人々は彼に「あなたもあの人の弟子ではないだろうね」と言った。ペテロは否定して、「弟子ではない」と言った。26 大祭司のしもべの一人で、ペテロに耳を切り落とされた人の親類が言った。「あなたが園であの人と一緒にいるのを見たと思うが。」27 ペテロは再び否定した。すると、すぐに鶏が鳴いた。

ピラトに尋問されるイエス

マタ27・1—2、11—14、マコ15・1—5、ルカ23・1—5

28さて、彼らはイエスをカヤパのもとから総督官邸に連れて行った。明け方のことであった。彼らは、過越の食事が食べられるようにするため、汚れを避けようとして、官邸の中には入らなかった。29それで、ピラトは外に出て、彼らのところに来て言った。「この人に対して何を告発するのか。」30彼らは答えた。「この人が悪いことをしていなければ、あなたに引き渡したりはしません。」31そこで、ピラトは言った。「おまえたちがこの人を引き取り、自分たちの律法にしたがってさばくがよい。」ユダヤ人たちは言った。「私たちはだれも死刑にすることが許されていません。」32これは、イエスがどのような死に方をするかを示して言われたことばが、成就するためであった。

33そこで、ピラトは再び総督官邸に入り、イエスを呼んで言った。「あなたはユダヤ人の王なのか。」34イエスは答えられた。「あなたは、そのことを自分で言っているのですか。それともわたしのことを、ほかの人々があなたに話したのですか。」35ピラトは答えた。「私はユダヤ人なのか。あなたの同胞と祭司長たちが、あなたを私に引き渡したのだ。あなたは何をしたのか。」36イエスは答えられた。「わたしの国はこの世のものではありません。もしこの世のものであったら、わたしのしもべたちが、わたしをユダヤ人に渡さないように戦ったでしょう。しかし、事実、わたしの国はこの世のものではありません。」37そこで、ピラトはイエスに言った。「それでは、あなたは王なのか。」イエスは答えられた。「わたしが王であることは、あなたの言うとおりです。わたしは、真理について証しするために生まれ、そのために世に来ました。真理に属する者はみな、わたしの声に聞き従います。」38ピラトはイエスに言った。「真理とは何なのか。」

十字架刑の判決

マタ27・15–31、マコ15・6–20、ルカ23・13–25

こう言ってから、再びユダヤ人たちのところに出て行って、彼らに言った。「私はあの人に何の罪も認めない。39過越の祭りでは、だれか一人をおまえたちのために釈放する慣わしがある。おまえたちは、ユダヤ人の王を釈放することを望むか。」40すると、彼らは再び大声をあげて、「その人ではなく、バラバを」と言った。バラバは強盗であった。

19

1それでピラトは、イエスを捕らえてむちで打った。2兵士たちは、茨で冠を編んでイエスの頭にかぶらせ、紫色の衣を着せた。3彼らはイエスに近寄り、「ユダヤ人の王様、万歳」と言って、顔を平手でたたいた。4ピラトは、再び外に出て来て彼らに言った。「さあ、あの人をおまえたちのところに連れて来る。そうすれば、私にはあの人に何の罪も見出せないことが、おまえたちに分かるだろう。」5イエスは、茨の冠と紫色の衣を着けて、出て来られた。ピラトは彼らに言った。「見よ、この人だ。」6祭司長たちと下役たちはイエスを見ると、「十字架につけろ。十字架につけろ」と叫んだ。ピラトは彼らに言った。「おまえたちがこの人を引き取り、十字架につけよ。私にはこの人に罪を見出せない。」7ユダヤ人たちは彼に答えた。「私たちには律法があります。その律法によれば、この人は死に当たります。自分を神の子としたのですから。」

8ピラトは、このことばを聞くと、ますます恐れを覚えた。9そして、再び総督官邸に入り、イエスに「あなたはどこから来たのか」と言った。しかし、イエスは何もお答えにならなかった。10そこで、ピラトはイエスに言った。「私に話さないのか。私にはあなたを釈放する権威があり、十字架につける権威もあることを、知らないのか。」11イエスは答えられた。「上から与えられていなければ、あなたにはわたしに対して何の権威もありません。ですから、わたしをあなたに引き渡した者に、もっと大きな罪があるのです。」12ピラトはイエスを釈放しようと努力したが、ユダヤ人たちは激しく叫んだ。「この人を釈放するのなら、あなたはカエサルの友ではありません。自分を王とする者はみな、カエサルに背いています。」

13ピラトは、これらのことばを聞いて、イエスを外に連れ出し、敷石、ヘブル語でガバタと呼ばれる場所で、裁判の席に着いた。14その日は過越の備え日で、時はおよそ第六の時であった。ピラトはユダヤ人たちに言った。「見よ、おまえたちの王だ。」15彼らは叫んだ。「除け、除け、十字架につけろ。」ピラトは言った。「おまえたちの王を私が十字架につけるのか。」祭司長たちは答えた。「カエサルのほかには、私たちに王はありません。」16ピラトは、イエスを十字架につけるため彼らに引き渡した。

十字架につけられたイエス

マタ27・32−44、マコ15・21−32、ルカ23・26−43

彼らはイエスを引き取った。17イエスは自分で十字架を負って、「どくろの場所」と呼ばれるところに出て行かれた。そこは、ヘブル語ではゴルゴタと呼ばれている。18彼らはその場所でイエスを十字架につけた。また、イエスを真ん中にして、こちら側とあちら側に、ほかの二人の者を一緒に十字架につけた。19ピラトは罪状書きも書いて、十字架の上に掲げた。それには「ユダヤ人の王、ナザレ人イエス」と書かれていた。20イエスが十字架につけられた場所は都に近かったので、多くのユダヤ人がこの罪状書きを読んだ。それはヘブル語、ラテン語、ギリシア語で書かれていた。21そこで、ユダヤ人の祭司長たちはピラトに、「ユダヤ人の王と書かないで、この者はユダヤ人の王と自称したと書いてください」と言った。22ピラトは答えた。「私が書いたものは、書いたままにしておけ。」

23さて、兵士たちはイエスを十字架につけると、その衣を取って四つに分け、各自に一つずつ渡るようにした。また下着も取ったが、それは上から全部一つに織った、縫い目のないものであった。24そのため、彼らは互いに言った。「これは裂かないで、だれの物になるか、くじを引こう。」これは、

「彼らは私の衣服を分け合い、
　私の衣をくじ引きにします」

とある聖書が成就するためであった。それで、兵士たちはそのように行った。25イエスの十字架のそばには、イエスの母とその姉妹、そしてクロパの妻マリアとマグダラのマリアが立っていた。26イエスは、母とそばに立っている愛する弟子を見て、母に「女の方、ご覧なさい。あなたの息子です」と言われた。27それから、その弟子に「ご覧なさい。あなたの母です」と言われた。その時から、この弟子は彼女を自分のところに引き取った。

イエスの死

マタ27・45−56、マコ15・33−41、ルカ23・44−49

28それから、イエスはすべてのことが完了したのを知ると、聖書が成就するために、「わたしは渇く」と言われた。29酸いぶどう酒がいっぱい入った器がそこに置いてあったので、兵士たちは、酸いぶどう酒を含んだ海綿をヒソプの枝に付けて、イエスの口もとに差し出した。30イエスは酸いぶどう酒を受けると、「完了した」と言われた。そして、頭を垂れて霊をお渡しになった。

イエスの脇腹を槍で突き刺す

31その日は備え日であり、翌日の安息日は大いなる日であったので、ユダヤ人たちは、安息日に死体が十字架の上に残らないようにするため、その脚を折って取り降ろしてほしいとピラトに願い出た。32そこで、兵士たちが来て、イエスと一緒に十字架につけられた一人目の者と、もう一人の者の脚を折った。33イエスのところに来ると、すでに死んでいるのが分かったので、その脚を折らなかった。34しかし兵士の一人は、イエスの脇腹を槍で突き刺した。すると、すぐに血と水が出て来た。35これを目撃した者が証ししている。

それは、あなたがたも信じるようになるためである。その証しは真実であり、その人は自分が真実を話していることを知っている。36 これらのことが起こったのは、「彼の骨は、一つも折られることはない」とある聖書が成就するためであり、37 また聖書の別のところで、「彼らは自分たちが突き刺した方を仰ぎ見る」と言われているからである。

イエスの埋葬

マタ27・57–61、マコ15・42–47、ルカ23・50–56

38 その後で、イエスの弟子であったが、ユダヤ人を恐れてそれを隠していたアリマタヤのヨセフが、イエスのからだを取り降ろすことをピラトに願い出た。ピラトは許可を与えた。そこで彼はやって来て、イエスのからだを取り降ろした。39 以前、夜イエスのところに来たニコデモも、没薬と沈香を混ぜ合わせたものを、百リトラほど持ってやって来た。40 彼らはイエスのからだを取り、ユダヤ人の埋葬の習慣にしたがって、香料と一緒に亜麻布で巻いた。41 イエスが十字架につけられた場所には園があり、そこに、まだだれも葬られたことのない新しい墓があった。42 その日はユダヤ人の備え日であり、その墓が近かったので、彼らはそこにイエスを納めた。

20

イエスのよみがえり

マタ28・1–10、マコ16・1–8、ルカ24・1–12

1 さて、週の初めの日、朝早くまだ暗いうちに、マグダラのマリアは墓にやって来て、墓から石が取りのけられているのを見た。2 それで、走って、シモン・ペテロと、イエスが愛されたもう一人の弟子のところに行って、こう言った。「だれかが墓から主を取って行きました。どこに主を置いたのか、私たちには分かりません。」3 そこで、ペテロともう一人の弟子は外に出て、墓へ行った。4 二人は一緒に走ったが、もう一人の弟子がペテロよりも速かったので、先に墓に着いた。5 そして、身をかがめると、亜麻布が置いてあるのが見えたが、中に入らなかった。6 彼に続いてシモン・ペテロも来て、墓に入り、亜麻布が置いてあるのを見た。7 イエスの頭を包んでいた布は亜麻布と一緒にはなく、離れたところに丸めてあった。8 そのとき、先に墓に着いたもう一人の弟子も入って来た。そして見て、信じた。9 彼らは、イエスが死人の中からよみがえらなければならないという聖書を、まだ理解していなかった。10 それで、弟子たちは再び自分たちのところに帰って行った。

マグダラのマリアに現れたイエス

マコ16・9―11

11 一方、マリアは墓の外にたたずんで泣いていた。そして、泣きながら、からだをかがめて墓の中をのぞき込んだ。12 すると、白い衣を着た二人の御使いが、イエスのからだが置かれていた場所に、一人は頭のところに、一人は足のところに座っているのが見えた。13 彼らはマリアに言った。「女の方、なぜ泣いているのですか。」彼女は言った。「だれかが私の主を取って行きました。どこに主を置いたのか、私には分かりません。」14 彼女はこう言ってから、うしろを振り向いた。そして、イエスが立っておられるのを見たが、それがイエスであることが分からなかった。15 イエスは彼女に言われた。「なぜ泣いているのですか。だれを捜しているのですか。」彼女は、彼が園の管理人だと思って言った。「あなたがあの方を運び去ったのでしたら、どこに置いたのか教えてください。私が引き取ります。」16 イエスは彼女に言われた。「マリア。」彼女は振り向いて、ヘブル語で「ラボニ」、すなわち「先生」とイエスに言った。17 イエスは彼女に言われた。「わたしにすがりついていてはいけません。わたしはまだ父のもとに上っていないのです。わたしの兄弟たちのところに行って、『わたしは、わたしの父であり、あなたがたの父である方、わたしの神であり、あなたがたの神である方のもとに上る』と伝えなさい。」18 マグダラのマリアは行って、弟子たちに「私は主を見ました」と言い、主が自分にこれらのことを話されたと伝えた。

弟子たちに現れたイエス

ルカ24・36―49

19 その日、すなわち週の初めの日の夕方、弟子たちがいたところでは、ユダヤ人を恐れて戸に鍵がかけられていた。すると、イエスが来て彼らの真ん中に立ち、こう言われた。「平安があなたがたにあるように。」20 こう言って、イエスは手と脇腹を彼らに示された。弟子たちは主を見て喜んだ。21 イエスは再び彼らに言われた。「平安があなたがたにあるように。父がわたしを遣わされたように、わたしもあなたがたを遣わします。」22 こう言ってから、彼らに息を吹きかけて言われた。「聖霊を受けなさい。23 あなたがたがだれかの罪を赦すなら、その人の罪は赦されます。赦さずに残すなら、そのまま残ります。」

トマスにも現れたイエス

24 十二弟子の一人で、デドモと呼ばれるトマスは、イエスが来られたとき、彼らと一緒にいなかった。

25そこで、ほかの弟子たちは彼に「私たちは主を見た」と言った。しかし、トマスは彼らに「私は、その手に釘の跡を見て、釘の跡に指を入れ、その脇腹に手を入れてみなければ、決して信じません」と言った。

26八日後、弟子たちは再び家の中におり、トマスも彼らと一緒にいた。戸には鍵がかけられていたが、イエスがやって来て、彼らの真ん中に立ち、「平安があなたがたにあるように」と言われた。27それから、トマスに言われた。「あなたの指をここに当てて、わたしの手を見なさい。手を伸ばして、わたしの脇腹に入れなさい。信じない者ではなく、信じる者になりなさい。」28トマスはイエスに答えた。「私の主、私の神よ。」29イエスは彼に言われた。「あなたはわたしを見たから信じたのですか。見ないで信じる人たちは幸いです。」

この書の目的

30イエスは弟子たちの前で、ほかにも多くのしるしを行われたが、それらはこの書には書かれていない。31これらのことが書かれたのは、イエスが神の子キリストであることを、あなたがたが信じるためであり、また信じて、イエスの名によっていのちを得るためである。

21

ティベリア湖畔で弟子たちに現れたイエス

1その後、イエスはティベリア湖畔で、再び弟子たちにご自分を現された。現された次第はこうであった。2シモン・ペテロ、デドモと呼ばれるトマス、ガリラヤのカナ出身のナタナエル、ゼベダイの子たち、そして、ほかに二人の弟子が同じところにいた。3シモン・ペテロが彼らに「私は漁に行く」と言った。すると、彼らは「私たちも一緒に行く」と言った。彼らは出て行って、小舟に乗り込んだが、その夜は何も捕れなかった。

4夜が明け始めていたころ、イエスは岸辺に立たれた。けれども弟子たちには、イエスであることが分からなかった。5イエスは彼らに言われた。「子どもたちよ、食べる魚がありませんね。」彼らは答えた。「ありません。」6イエスは彼らに言われた。「舟の右側に網を打ちなさい。そうすれば捕れます。」そこで、彼らは網を打った。すると、おびただしい数の魚のために、もはや彼らには網を引き上げることができなかった。7それで、イエスが愛されたあの弟子が、ペテロに「主だ」と言った。シモン・ペテロは「主だ」と聞くと、裸に近かったので上着をまとい、湖に飛び込んだ。8一方、ほかの弟子たちは、魚の入った網を引いて小舟で戻って行った。陸地から遠くなく、二百ペキスほどの距離だったからである。9 こうして彼らが陸地に上がると、そこには炭火がおこされていて、その上には魚があり、またパンがあるのが見えた。10イエスは彼らに「今捕った魚を何匹か持って来なさい」と言われた。11シモン・ペテロは舟に乗って、網を陸地に引き上げた。網は百五十三匹の大きな魚でいっぱいであった。それほど多かったのに、網は破れていなかった。12イエスは彼らに言われた。「さあ、朝の食事をしなさい。」弟子たちは、主であることを知っていたので、だれも「あなたはどなたですか」とあえて尋ねはしなかった。13イエスは来てパンを取り、彼らにお与えになった。また、魚も同じようにされた。14イエスが死人の中からよみがえって、弟子たちにご自分を現されたのは、これですでに三度目である。

わたしの羊を飼いなさい

15彼らが食事を済ませたとき、イエスはシモン・ペテロに言われた。「ヨハネの子シモン。あなたは、この人たちが愛する以上に、わたしを愛していますか。」ペテロは答えた。「はい、主よ。私があなたを愛していることは、あなたがご存じです。」イエスは彼に言われた。「わたしの子羊を飼いなさい。」16イエスは再び彼に「ヨハネの子シモン。あなたはわたしを愛していますか」と言われた。ペテロは答えた。「はい、主よ。私があなたを愛していることは、あなたがご存じです。」イエスは彼に言われた。「わたしの羊を牧しなさい。」17イエスは三度目もペテロに、「ヨハネの子シモン。あなたはわたしを愛していますか」と言われた。ペテロは、イエスが三度目も「あなたはわたしを愛していますか」と言われたので、心を痛めてイエスに言った。「主よ、あなたはすべてをご存じです。あなたは、私があなたを愛していることを知っておられます。」イエスは彼に言われた。「わたしの羊を飼いなさい。18まことに、まことに、あなたに言います。あなたは若いときには、自分で帯をして、自分の望むところを歩きました。しかし年をとると、あなたは両手を伸ばし、ほかの人があなたに帯をして、望まないところに連れて行きます。」19イエスは、ペテロがどのような死に方で神の栄光を現すかを示すために、こう言われたのである。こう話してから、ペテロに言われた。「わたしに従いなさい。」

イエスが愛された弟子のこと

20ペテロは振り向いて、イエスが愛された弟子がついて来るのを見た。この弟子は、夕食の席でイエスの胸元に寄りかかり、「主よ、あなたを裏切るのはだれですか」と言った者である。21 ペテロは彼を見て、「主よ、この人はどうなのですか」とイエスに言った。22 イエスはペテロに言われた。「わたしが来るときまで彼が生きるように、わたしが望んだとしても、あなたに何の関わりがありますか。あなたは、わたしに従いなさい。」23 それで、その弟子は死なないという話が兄弟たちの間に広まった。しかし、イエスはペテロに、その弟子は死なないと言われたのではなく、「わたしが来るときまで彼が生きるように、わたしが望んだとしても、あなたに何の関わりがありますか」と言われたのである。

結びのことば

24 これらのことについて証しし、これらのことを書いた者は、その弟子である。私たちは、彼の証しが真実であることを知っている。

25 イエスが行われたことは、ほかにもたくさんある。その一つ一つを書き記すなら、世界もその書かれた書物を収められないと、私は思う。

ヨハネの福音書　解説

著者　この福音書の著者は、本文で自分を「イエスが愛された弟子」と名乗っていますが、伝承ではイエス・キリストの十二使徒の一人ヨハネだと言われています。父の名はゼベダイです。ヨハネは兄弟ヤコブと共にガリラヤ湖で漁師をしていたところ、イエスに声をかけられて弟子となりました。イエスの一番弟子ペテロや兄弟ヤコブと共に、このヨハネはイエスの側近へと成長していきます。

ヨハネとヤコブは共に気性が激しく、イエスから「雷の子」というあだ名をつけられました。またこの二人は、イエスが神の国を樹立したら、イエスの左右に座らせてほしいと言った野心家でもあります。けれどもヨハネはイエスと生活を共にするうちに人格が造り変えられ、神の愛を深く理解するようになりました。このヨハネが書いた書簡が三通ほど新約聖書の中に収められていますが、そこには自分を犠牲にしても他者を生かすというキリスト教の愛がよく描かれています。

キリスト教迫害によって十二使徒が次々と殉教する中で、ヨハネだけが天寿を全うしたと言われています。晩年にはローマ帝国による迫害のために、エーゲ海に浮かぶ小島パトモス島に流刑にされましたが、そこでキリストから啓示を受けて「ヨハネの黙示録」を書きました。最終的には小アジアのエペソで教会の長老として働き、そこで生涯を終えたと言われています。

執筆年代と執筆場所　ヨハネの福音書は、その前に並ぶ三つの福音書（観点が似ているので共観福音書と呼ぶ）とは、かなり視点が異なります。これは共観福音書では取り上げられていないキリストの姿を伝えようとしたためかもしれません。またこの福音書では、ペテロの殉教が暗示されていたり、他の福音書ではユダヤ人による迫害を恐れて匿名で記されていた人物が、実名で紹介されていたりするので、共観福音書よりも後に執筆されたと推測されています。他方、この福音書については、二世紀の前半に筆写されたと思われる写本の断片がエジプトで発見されているので、諸事情を勘案して紀元八五年から九〇年の間に書かれたと見るのがいいでしょう。執筆場所については明確な証拠はありませんが、伝承ではエペソだと言われています。

特色　この福音書の特色は、キリストの神性が繰り返し強く主張されていることです。キリストは父なる神（ユダヤ教の神でもあり、個人名としてはヤハウェともヤーウェとも発音される）から遣わされ、その権威も性質も神と同じであると福音書は語ります。イエスは父なる神が教えたことを語り、父なる神が意図したことを実行しました。したがってキリストを見た人は、父なる神を見たのと同じなのです。

同じように強調されているのが、このイエスを信じる者に、永遠のいのちが与えられることです。ここで言う「信じる」とは、ただ頭で理解することだけではなく、イエスの人格に信頼して、イエスに従うことも意味します。そしてイエスが与える永遠のいのちとは、この地上で死んだ後に天国という別の場所でいつまでも生きることだけでなく、この地上においてすでに新しいいのちが与えられ、今から活き活きとして充実した人生が始まっていることを意味します。

この福音書にはほかにも、①罪（神に従わないこと。その結果としての自己中心）にまみれた世界を照らす光であるキリスト、②神の教えを守ることが神を愛することである、③キリストがこの世を去ると、神からの助け主すなわち聖霊（本文では「御霊」ともいう）が信者に与えられる、など多くの教えが記されています。

聖霊とは、父なる神、子なる神（イエス・キリスト）と並ぶ、キリスト教の三位一体なる神の一位格です。聖霊はキリストを信じる者の中に住み、信者の人生を教え導いてくれます。四つの福音書の後に続く「使徒の働き」では、この聖霊が大活躍します。巻名は「使徒の働き」ですが、中身は「聖霊の働き」ではないかという学者もいるほどです。福音書を読み終えた方には、次にこの「使徒の働き」をお薦めします。

アウトライン

■1 序言　1章1節〜18節

■2 初期の伝道活動　1章19節〜4章54節

■3 伝道の最盛期　5章1節〜12章50節

ヨハネの福音書
――イエス・キリストの生涯

2022年6月20日発行

編　集　いのちのことば社出版部
装　丁　宮本信幸
印刷製本　開成印刷株式会社
発　行　いのちのことば社
〒164-0001 東京都中野区中野2-1-5
電話 03-5341-6923（編集）
03-5341-6920（営業）
FAX03-5341-6921
e-mail:support@wlpm.or.jp
http://www.wlpm.or.jp/

ISBN 978-4-264-04353-9